Ulrike Wischer
Das stille Glück, zu Hause zu sein

Ulrike Wischer

Das stille Glück, zu Hause zu sein

Mit Zen das Leben im Alltag finden

Mit Anleitungen der Zen-Meister
Thich Nhat Hanh, Willigis Jäger und
Hinnerk Syobu Polenski

HERDER

FREIBURG · BASEL · WIEN

MIX
Papier aus verantwor-
tungsvollen Quellen
FSC **FSC® C106847**
www.fsc.org

© Verlag Herder GmbH, Freiburg im Breisgau 2013
Alle Rechte vorbehalten
www.herder.de

Satz: Layoutsatz Kendlinger Mediendesign
Herstellung: fgb · freiburger graphische betriebe
www.fgb.de

Printed in Germany

ISBN 978-3-451-30640-2

Wo Sonne und Mond sich vereinen
und Uhren nicht mehr ticken,

wo die Welt still
und der Himmel ohne Ende ist,

wo das Herz jubelt,
und die Seele singt,

da ist
zu Hause.

Inhalt

III. Verwirklichung im täglichen Leben

Anhang

Zen – der Weg nach Hause

„*Der Sinn des Lebens ist das Leben selbst.*" Dieser Satz hängt seit zwei Jahrzehnten als Kalligraphie in meinem Büro. Ein Koch aus einem China-Restaurant hatte ihn mir 1993 übersetzt und mit schwarzer Tusche auf weißes Reispapier gemalt. Dieser Satz war mir damals irgendwie „in den Sinn gekommen", gefiel mir, brachte etwas in mir zum Klingen – aber verstanden, wirklich verstanden habe ich ihn nicht.

„*Der Sinn des Lebens ist das Leben selbst.*" Die Erkenntnis reifte in mir in den vergangenen zwanzig Jahren, nachdem ich als junge Frau trotz der Diagnose einer unheilbaren Krankheit weiterleben wollte. Nach der Therapie begann nicht nur mein Weg zurück ins normale Leben, es begann auch meine Suche nach „mehr" und dem Sinn in und von diesem Leben.

„*Der Sinn des Lebens ist das Leben selbst.*" Diese Wahrheit ist einfach und doch nur schwer zu leben. Die Zen-Meditation war es, die mein Herz bei meiner Suche am stärksten berührte. Die Klarheit, das Schlichte, das sich durch die Achtsamkeit offenbart, bewegt mich noch immer. Und es ist die Möglichkeit, meinen eigenen Weg zu gehen, meiner eigener „inneren Stimme" zu folgen, frei von Religion, Philosophie und anderen Konzepten, die mich Zen leben lässt. Zen ist deshalb keine Religion, keine Lebensphilosophie, kein Konzept, weil Zen das Gewahrsein, die achtsame Wahrnehmung jedes Augenblicks des Lebens ist.

Beobachten, still sein – und nur beobachten

Das „Mittel", die Methode auf dem Zen-Weg heißt Zazen. Anfänger beginnen sehr häufig damit, ihren Atem zu beobachten. So erlernen sie das Beobachten zunächst des Atems, dann der Gefühle und Gedanken im Augenblick. Dabei „erfahren" Meditierende fast beiläufig sehr viel über sich, ihre Welt und die Art, auf diese zu schauen. Es kommt „da etwas hoch", „Ich betrete Räume in meinem Innersten, die ich niemals betreten wollte", beschreiben Meditierende diesen Prozess in diesem Buch.

Im Zazen lässt der Meditierende seine Gedanken und Gefühle einfach vorüberziehen. Die „Gedanken-Wolken" bekommen kein „Futter" mehr und ziehen ruhig weiter. Er hält sie nicht fest, versucht sie aber auch nicht zu verdrängen. Alles, was kommt, darf sein. Zazen ist kein Tun, es wird nichts gesucht oder erwartet, es muss nichts geleistet werden. Im Zazen erfährt der Mensch sich selbst, erst mit, dann mehr und mehr ohne Beachtung von Gefühlen, Wünschen und Erwartungen. Dieser Vorgang der „Selbstbeobachtung" dauert Jahre, oft ein Leben lang. Er wird im Zen auch mit dem Schälen einer Zwiebel verglichen. „Schicht" um „Schicht" wird aufgelöst, nicht selten schmerzhaft und unter Tränen. Es geht dabei nicht um eine vom Verstand überwachte Analyse, nicht um die „aktive Arbeit" an sich selbst. Es sind Erkenntnisse, Einsichten über das alltägliche Verhalten, die in der Meditation sichtbar werden. Mit der Zeit lösen sich immer mehr innere Blockaden, Muster, Gewohnheiten auf. So entsteht Stück für Stück eine Grundlage für ein uneingeschränktes „Ja" zum eigenen Leben in einer das Leben bejahenden Welt.

Das Auflösen von Mustern und Blockaden hilft dem Menschen, sich selbst zu „sehen", indem er erkennt – und das ist wesentlich –, was bzw. wer er *nicht* ist. Dabei geht es nicht darum, „besser" oder „anders" zu sein, wir *sind* gut, richtig, völlig o.k. – jeder von uns! Da ist keine Schuld, kein Makel, da sind keine Fehler. Es geht einzig und allein darum, DAS zu „sehen".

Irgendwann „sieht" der Mensch, dass das, von dem er glaubte, *er (Ich)* zu sein, nichts anderes ist als Gedanken und Gefühle. Gedanken und Gefühle aber *sind* niemand, *sind* kein eigenständiges Individuum, *sind nichts*. Das zu durchdringen ist ein Schlüssel auf dem Weg zum „Menschsein", denn „erleuchtet" sein bedeutet „Mensch sein" oder wie Meister Rinzai, er ist der Begründer der Rinzai-Zen-Linie, es ausdrückte: „ein wahrer Mensch" zu sein. Durch diese Innenschau befreien wir uns Stück für Stück aus unserem inneren Gefängnis – bestehend aus Gedanken und Gefühlen –, erkennen unser Eingesperrtsein in selbstgemachten Urteilen und Vorurteilen. Wir erkennen schließlich, dass wir frei, vollkommen und heil sind.

Die strenge Form im Zen hat mehr als einen Sinn

In dem Maße, in dem wir also den „Müll" der Einflüsse von außen wegräumen, erkennen, verstehen und transformieren, in diesem Maße sind wir in der Lage zu „sehen". Und an dieser Stelle wird auch deutlich, warum auf die „Form" im Zen so großen Wert gelegt wird. Diese Form stellt sich zunächst dar als Verhaltensregel – besonders wichtig in Sesshins (Meditationszeiten über mehrere Tage und Wochen), im Zendo (der Meditationshalle), im Dokusan (Vier-Augen-Gespräch mit dem Lehrer) und während Zazen bezogen auf die Kleidung, die Sitzmöglichkeiten und die Haltung oder auch beim Essen und so weiter. Diese an alte Traditionen angelehnte Form wird geübt, damit der Meditierende sich relativ schnell in einen vertrauten „Fluss" begeben kann, nicht mehr darüber nachdenken muss und nachdenkt, was er jetzt zu tun oder nicht zu tun hat. Er kann so immer ungestörter von außen in seiner Übung bleiben. Das ist ein wichtiger und wesentlicher Grund für die mitunter streng wirkende Form im Zen.

Ein anderer Grund wird deutlich, wenn wir die Form mit einer Vase vergleichen. Ohne eine Vase können Wasser und Blumen nicht zusammen „gehalten" werden, gäbe es keinen Blumenstrauß. Also brauchen wir die Form, um den „Blumenstrauß" zu halten, meint: uns selber einen Rahmen und Sicherheit für die Übung zu geben. Im Zen sind irgendwann „Wasser und Blumen" verschwunden. Dann ist die Form (die Vase in meinem Beispiel) die, die die „Leere" („Wasser und Blumen" sind ja verschwunden) trägt. Irgendwann „entfällt" dann auch die Form (also die Vase) und es bleibt die „Leere". So ist die Form in mehrfacher Hinsicht wichtig und sinnvoll: erst als Unterstützung und Schutzraum für den Übenden, dann als „Gefäß für die Leere" und letztlich als Zeichen der „großen Befreiung".

Es ist nicht von unserem Verstand zu beeinflussen, ob und wann der Mensch sich „selber schaut". Denn es ist der Verstand, der uns daran hindert, schon jetzt „zu sehen", was der Verstand nicht wahrhaben will. Diese „Selbst-Schau", dieses erste „Erkennen" des eigenen Selbst wird im Zen Kensho genannt, später folgt dann Satori. Dann „weiß" der

Mensch beständig, dass er der ist, der IST und schon immer war, dass er nie getrennt war, dass es nicht einmal eine Suche gab. Diese Einsicht, dieses „Sehen" hat nichts zu tun mit Wissen, kann nicht geübt, erarbeitet werden. Zen-Meister verweisen darauf, dass „Befreiung" die Befreiung von der Vorstellung des Ichs einer „Befreiung" ist. Es gibt kein Ich, das befreit werden muss, soll, kann. Zugegeben: unmöglich zu verstehen und zu akzeptieren von dem Verstand.

Der Verstand ist die Hürde

Eine große Schwierigkeit für den Suchenden ist also die Überwindung der Hürde „Verstand". Der Verstand verspricht vieles, will viel, gaukelt so manche „Erleuchtungen" und „Seins-Erfahrungen" vor. Ein Grund, warum es wichtig sein kann, jemanden an seiner Seite zu haben, der/die vor diesen Irrwegen und falschen Erfahrungen warnt und bewahrt, aber auch im richtigen Moment weiterhilft. Das können spirituelle Freunde, Begleiter und vor allem Lehrer sein.

Nicht wenige Meditierende sitzen Jahr um Jahr vergeblich, warten auf tolle „Erlebnisse", sehnen sich immer wieder nach gefühlvollen „Erfahrungen" und reden sich ein, „weit" auf dem Weg zu sein. Für Zen-Meister Hinnerk Syobu Polenski ist das Ausdruck des Widersachers, den er in seinem Beitrag in diesem Buch ausführlich beschreibt. Es ist heutzutage sehr verführerisch, sich Gelesenes anzueignen, zu glauben, zu verstehen und das dann auch zu „fühlen". Doch das ist nicht die „Befreiung", um die es geht.

Richtig ist, und das berichten auch viele Meditierende in diesem Buch, dass Zen nicht über das Lesen von Büchern, hören von CDs und anderen äußeren Mitteln der Wissens-übertragung erfahren werden kann. Erfahrungen muss jeder selber machen. Nur wer einmal müde war, weiß, was es heißt und wie es sich anfühlt, müde zu sein – egal, wie viele Bücher er über Müdigkeit gelesen hat oder liest. Dennoch habe ich erfahren, dass der Weg durch Wissen unterstützt werden kann. Wir „Kopfmenschen" geben unseren inneren Wider-stand eher auf, wenn wir zumindest ansatzweise nachvollzie-hen können oder glauben zu ahnen, um was es geht. Und da bieten z.B. Physik und Gehirnforschung schon eine ganze Menge interessanter Ergebnisse an. Auch die „alten" Meis-ter sind eine stete Quelle von Impulsen, die den Suchenden auf seinem Weg führen.

Der inneren Stimme, dem inneren Buddha folgen

In diesem Sinne wusste auch ich lange nicht, was der Zen-Weg wirklich ist und wie er wirkt, habe Hunderte von Bü-chern gekauft und gelesen, zahllose Seminare besucht und noch mehr Gespräche geführt, aber eines habe ich meistens, zumindest nicht bewusst, getan, nämlich: mir selbst vertraut. Doch da war immer diese leise Stimme, die mich führte, ohne dass ich es wirklich bemerkte. Thich Nhat Hanh nennt diese „Stimme" in seinem Beitrag in diesem Buch den „inne-ren Buddha".

Ich meine nicht die laute, fordernde, verurteilende, oft ag-gressive oder weinerliche Stimme unseres sogenannten Egos. Womit ich das Ego, ich meine damit unser persönliches oder auch Ich-Bewusstsein, in keiner Weise verdammen oder gar loswerden will – im Gegenteil, das Ego gehört zu mir, gehört zum Ganzen. Die „innere Stimme" aber, die ich meine, klingt. Sie ist leise, immer liebevoll, urteilt und verurteilt nie. Diese leise Stimme brachte mich schließlich dahin, all dem zu vertrauen, an dem ich so viele Jahre gezweifelt hatte, ja verzweifelt war. Ich begann, meiner „inneren Stimme" bewusst zu folgen, hörte auf zu kämpfen, etwas zu wollen, „Erleuchtung" zu suchen, mich darum zu bemühen. „Geschehenlassen" wurde mehr und mehr der Weg: „Wille geschieht."

Ich bin eine normale Frau, Journalistin, lebendig, kritisch und neugierig. Und diese Neugierde in mir ist ein Motor, ich wollte wissen, wie es anderen Menschen ergangen ist und geht. Ich fragte mich, ob der Weg der Meditation des Zen für Menschen im 21. Jahrhundert ein Zugang ist oder sein kann zu einer „anderen Dimension Leben" – wie es ein Meditierender später in diesem Buch beschreiben wird.

Auch ahne ich, dass sehr viele Menschen Erfahrungen spiritueller Art machen. Das aber oft gar nicht wissen, einordnen, verstehen können. Sie halten sich vielleicht für verrückt, krank, verschließen sich deshalb mehr und mehr, weil ihnen Erfahrungen und das Spüren, dass in ihnen noch mehr ist als nur Haut, Knochen, Blut und Zellansammlungen – oder wie Meister Rinzai es ausdrückt: „diese Masse rötlichen Fleisches" –, Angst macht. Ihnen soll dieses Buch Mut machen, sich selber und damit auch ihren Erfahrungen zu trauen, diesen Weg – vielleicht unter Anleitung – (weiter) zu gehen.

Dieses Buch ist geschrieben für Menschen, die sich der Meditation öffnen, und für jene, die bereits ihre eigenen Erfahrungen gemacht haben und manches nicht verstehen, wie es mir auch lange Zeit ergangen ist. Das Buch hat eine Gliederung, wenngleich es im Zen wie im Leben keine wirkliche Gliederung gibt. Ich habe Menschen befragt, für die Zen-Meditation, Zazen, seit Kurzem oder schon seit vielen Jahrzehnten zu ihrem Leben gehört.

Eine Quelle für Menschen mit und ohne Meditationserfahrung

Diese Gespräche schrieb ich um zu Berichten, hob da diesen, dort jenen Aspekt hervor, ordnete sie dann den drei Kapiteln des Buches zu. Auch sind die drei Zen-Meister, mit deren Schülern und Schülerinnen ich in erster Linie gesprochen habe, einerseits gleich in ihrer Rolle als spirituelle Lehrer, andererseits auch sehr verschieden in der Art und Weise der Ansprache und Anleitung. Es gibt so viele Wege wie Suchende, entsprechend unterschiedlich sind auch die Lehrer und Lehrerinnen. „Many paths lead up the mountain. But at the top, we all look at the same bright moon", sagte vor rund 600 Jahren schon Meister Ikkyu Sojun, ein äußerst unkonventioneller und in Japan sehr beliebter Zen-Meister mit einer Vorliebe für Extreme und Provokation. Am Ende führen alle Wege zu dem Einen, sind sie in ihrer Verschiedenheit doch das Eine, so lehren es die alten wie die jungen Meister.

Mein Dank gilt auch den drei Zen-Meistern für ihr Vertrauen und ihre Beteiligung an diesem Buch. Ich besuchte Thich Nhat Hanh in Plum Village in Frankreich, Willigis Jäger im Benediktushof in Holzkirchen bei Würzburg und

Hinnerk Polenski in seinem Haus in Kiel. Die Beiträge von Willigis Jäger und Hinnerk Polenski sind ebenfalls aus Interviews entstanden. Thich Nhat Hanhs Beitrag umfasst zwei seiner Lehrreden.

Es geht nicht darum, einen Weg zum „ Glück" aufzuzeigen. Das Glück im pauschalen Sinn gibt es nach meiner Erfahrung nicht. Der Weg ist auch nicht einfach, er ist „kein Sonntagsspaziergang", das stellt eine Meditierende nach Jahrzehnten der Zen-Praxis fest. Der Weg hat viele Stolpersteine und führt durch tiefe Täler und über hohe Berge, wie Hinnerk Syobu Polenski es später aufzeigt. Doch zu erkennen, dass „Buddha und Mara" nicht zwei, Glück und Leid in jedem Menschen sind und beide Seiten zu uns Menschen gehören, wie Thich Nhat Hanh es in einfachen Worten tiefsinnig beschreibt, war auch für mich ein wichtiger Schritt zu einem wirklichen Leben.

Aus Freude am Leben und in Freiheit den eigenen Weg gehen

Obwohl es im Zen keine Ziele gibt, orientieren sich die drei Kapitel in diesem Buch im weitesten Sinne an den „drei Pfeilern des Zen":[1] Die „Entwicklung der Kraft der Konzentration" (Joriki), das „Satori-Erwachen" (Kensho-godo) und schließlich die „Verwirklichung des „Erhabenen Weges" im täglichen Leben" (Mujodo-no taigen) sind im Zen Etappen und gleichzeitig eine „unauflösliche Einheit".

---

[1] Drei Pfeiler des Zen, Philip Kapelau, 11.Auflage, 1998, O.W.Barth, S. 81 ff.

Ich danke allen Meditierenden, die mir offen und freimütig über sich und ihren Weg berichteten. Und das ist nicht selbstverständlich, denn gerade im Zen ist es nicht üblich, das Innere nach außen zu tragen. Darum ist es mir wichtig zu unterstreichen, dass es in diesem Buch an keiner Stelle eine Wertung, Bewertung, Rangfolge oder Stufe gibt. Die Meditierenden wurden auch nicht von ihren Lehrern ausgesucht.

Der Mensch beginnt mit der „Entwicklung von Achtsamkeit und Stille", das spiegeln die Berichte im ersten Kapitel. Berichte von Menschen mit „Erfahrungen und Nicht-Erfahrungen" finden sich dann in Kapitel II. Wichtig ist der Hinweis, dass es sich auch um „Erfahrungen" handelt, die oft im Vorfeld von Kensho und Satori (also der „großen Befreiung") gemacht werde. Bewusst habe ich darauf verzichtet, die verschiedenen Erfahrungen einzuordnen oder gar zu bewerten.

Jeder Weg ist einzigartig, jede Erfahrung individuell

Die „Verwirklichung dieser Erkenntnisse und Erfahrungen im täglichen Leben" werden beschrieben im dritten Kapitel. Ich war und bin beeindruckt von der Authentizität, mit der mir die Menschen, die diesen Weg schon sehr lange gehen, „ihre" Geschichten erzählten. Für sie geht es darum, das Erfahrene im Leben zu bezeugen. „Eine tiefe mystische Erfahrung führt aus der Versenkung zurück in die Welt und in die Weltverantwortung. Sie führt in die Aktion, ins Handeln und zum Mitmenschen und ist Grundlage einer Ethik der Liebe, die im anderen Menschen sich selbst erkennt", beschreibt Willigis Jäger am Ende des Buches. Gespeist wird dieses

Handeln, diese Aktion aus der Erkenntnis, wie großartig und wunderbar das Leben ist, dieses „stille Glück", zu Hause zu sein.

Ich betone mit Nachdruck: Jeder Weg ist *einzigartig*, jede Erfahrung *individuell*, jeder Schmerz, jede Freude gebunden an den jeweiligen Menschen. Die Erfahrungen sind *nicht* übertragbar. Darum sei der Leser, die Leserin an dieser Stelle gewarnt: Es geht nicht darum, seine, ihre Erfahrungen abzugleichen, anzustreben oder zu übertragen auf die Erfahrungen der Menschen in diesem Buch und umgekehrt.

Niemand, kein Mensch, kein Wesen ist also an seiner Stelle, an seinem Platz weiter, größer oder gar besser als jemand anderer. Es ist niemand da, der oder die „besser", „schlechter", „richtig" oder „falsch" sein könnte. Die Menschen sind „wahre" Brüder und Schwestern – wie der Dalai Lama es in seiner Vision für diese Erde sieht –, auch wenn sie es noch nicht erkennen können, eben weil es da ein „Ich" gibt, das meint, „der Größte", „Beste", ein „Versager" oder „schuldig" zu sein. Es geht nicht darum, etwas zu entdecken, etwas Besonderes zu werden. Es geht darum, etwas beiseitezuschieben, um das sehen zu können, was da ist. Um es mit Meister Rinzai zu sagen: „In diesem Körper, dieser Masse rötlichen Fleisches, existiert etwas, der wahre Mensch ohne Rang und Namen, das wahre Ich mit absoluter Freiheit, das nirgendwo haftet. Wer das noch nicht bemerkt hat, mache die Augen auf!".

„Der Sinn des Lebens ist das Leben selbst." Dieser Satz hängt seit zwei Jahrzehnten als Kalligraphie in meinem Büro. Ein Koch aus einem China-Restaurant hatte ihn mir 1993 übersetzt und mit schwarzer Tusche auf weißes Reispapier ge-

malt. Heute, zwanzig Jahre später, weiß ich, das Leben braucht keinen extra Sinn. So würde ich den Koch heute bitten, mir mit schwarzer Tusche auf weißes Reispapier zu zeichnen:

„Leben IST zu Hause sein"

I.

Entwicklung von
Achtsamkeit und Stille

Wege zu wahrem Frieden und zur Freiheit

Von Thich Nhat Hanh

Viele von uns empfinden das Leben zeitweilig als sehr schwierig und leidvoll. Wir machen oft Dinge, die wir nicht wirklich wollen, und wir wissen nicht, wie wir unser Leben ändern, verbessern können. In solchen Situationen kann uns unser innerer Buddha, der Buddha, der uns innewohnt, helfen.

Wie? Das könnt ihr euch so vorstellen: Euer Laptop ist „abgestürzt" und ihr wisst nicht mehr weiter. Ihr seid ganz verzweifelt und wollt aufgeben. Doch dann kommt euer älterer Bruder, er ist ein Computerspezialist, und hilft euch. Ihr vertraut ihm, und in kurzer Zeit hat er alles wieder in Ordnung gebracht. Und so einen großen Bruder oder eine große Schwester gibt es auch in euch. Und immer, wenn es zu schwierig für euch wird, solltet ihr euren Bruder, eure Schwester bitten, zu helfen. Der Buddha ist die große Schwester, der große Bruder in uns. Der Buddha ist freundlich, liebevoll, vergibt, ist voller Liebe, hat viel Verständnis.

Dann gibt es aber auch noch jemand anderen in uns. Jemanden, der faul ist, störrisch, neidisch, nicht glücklich. Diese „Person" ist auch da. Im Buddhismus heißt sie „Mara". In der christlichen Tradition wird sie „Teufel" genannt. Mara wird schnell wütend, neidisch, neigt zur Gewalt – und wie der Buddha ist auch Mara in jedem von uns. Beide sind in uns gegenwärtig, doch sie kämpfen nicht miteinander, niemals. Sie arbeiten zusammen; es ist wie die rechte und die linke Hand eines Menschen. Der Buddha ist angenehmer als Mara, aber auch Mara ist sehr nützlich.

Wir Menschen sind wie ein Garten. In diesem Garten gibt es Blumen, aber auch Abfall. Aus dem Abfall entsteht Dünger, und der Dünger lässt die Blumen wachsen. So sind die Blumen letztlich auch der Abfall. So ist es mit Buddha und Mara.

Wir glauben vielleicht, dass wir nur Freude und Glück brauchen. Auf das Leiden wollen wir gern verzichten, das lehnen wir ab. Aber ohne Leid gibt es keine Freude. Es ist so, als ob wir versuchten, die Blumen ohne Dünger, ohne Nahrung großzuziehen. Damit ignorieren wir das Gute im Leiden. Wir glauben, dass Leiden nutzlos sei, wollen es loswerden. Aber wenn wir tief schauen, zum Beispiel in der Meditation, erkennen wir das Gute im Leid. Wir verstehen, dass wir nur wissen können, was Glück ist, weil wir Leid erfahren haben. Wir können viel vom Leiden lernen. Wir können die Blume und den Kompost als Einheit sehen. Wir wachsen und entwickeln uns dank des Leidens.

Die Blume ist der Kompost, der erblüht ist

Erkennen wir, wie beides – Glück und Leid – zusammenwirkt, dann löst sich schon viel Leid auf. Allein diese Erkenntnis löst Leiden auf.

Manchmal sind wir dem Buddha sehr nah. Dann sind wir mitfühlend, rücksichtsvoll, liebevoll. Aber dann gibt es Zeiten, in denen wir Mara näherstehen, und wir sind ängstlich, wütend, traurig. So erkennen wir, dass beide Seiten in uns sind. Es ist wie beim Wetter: Mal regnet es, dann scheint die

Sonne. Die meisten von uns wollen immer nur gutes Wetter und übersehen dabei, dass wir auch den Regen und den Sturm brauchen.

Vor einigen Tagen fragte mich ein Junge: „Thay" – so nennen mich meine Schüler, das ist Vietnamesisch und heißt so viel wie Lehrer –, „ich arbeite so hart an mir. Ich atme ein, ich atme aus, will mich beruhigen. Aber ich habe keinen Erfolg, was soll ich tun?" Ich haben ihm geraten: „Lass den Buddha in dir die Arbeit tun, denn er weiß, wie es geht." Ich selbst habe damit gute Erfahrungen gemacht. Der Buddha ist das tiefste und klarste Verständnis in uns, er ist unsere mitfühlende Seite.

Buddha und Mara sind Geschwister. Das ist eine sehr tiefgründige Lehre des Buddha, die wir verstehen sollten. Der Buddha wird so oft missverstanden. Es ist durchaus anstrengend, ein Buddha zu sein. Wir sollten uns gegenseitig dabei unterstützen. Wir spielen im Leben bestimmte, oft wechselnde Rollen – so wie die Blume und der Abfall, der Regen und der Sonnenschein. Der Abfall sagt auch nicht, ich bin es müde, Abfall oder Kompost zu sein. In der Blume ist der Kompost. Er ist eine Blume, die erblüht ist.

Diese Betrachtung hilft zu erkennen, wie die wirkliche Beziehung zwischen Leiden und Glück ist. Wir haben viel Krieg und Gewalt in unserer Zeit. Und dies nicht zuletzt, weil viele Menschen denken, dass sie auf der Seite des Buddha, des Guten, stehen. Sie bekämpfen Mara, das Böse. Sie glauben, Mara sei gegen den Buddha. Sie wollen Mara zerstören, damit der Buddha erblühen kann. Aber die Verbindung zwischen Buddha und Mara ist unzerstörbar.

Leiden zu verstehen ist der einzige Weg, das Glück zu verstehen

Viele Menschen sprechen über das „Reine Land" des Buddha. Das ist ein wunderschöner Ort voller Liebe und Verständnis. Im Christentum wird dieser Ort das Paradies oder das Reich Gottes genannt. Ein wunderbarer Ort, ja. Wir haben die Idee, dort existiere kein Leiden. Aber wenn ich tief schaue, dann weiß ich, dass das nicht stimmt. Niemals gibt es Blumen ohne Abfall. Der Lotos wächst aus dem Schlamm, ohne Schlamm kann kein Lotos erblühen, das ist eine Tatsache. Lotossamen brauchen Schlamm, um zu gedeihen. Das Leiden ist der Grund, aus dem heraus wir Liebe und Verständnis kultiviert haben. Wenn ein Mensch nicht weiß, was Leiden ist, kann er auch nicht wirklich liebevoll und voller Verständnis sein. Das ist unmöglich. Wir müssen deshalb in Kontakt mit unserem Leiden sein. Leiden zu verstehen ist der einzige Weg, Glück zu verstehen.

Weil Leiden da ist, können wir lernen, Verständnis für andere und uns selbst zu entwickeln. Das ist die Botschaft des Buddha. Und das ist das Gute am Leiden. Leiden ist in uns, Leiden ist um uns herum. Wenn uns das stets bewusst ist, können wir unser Leiden in Verständnis und Mitgefühl umwandeln, und das trägt dann dazu bei, dass die Welt weniger leidet. Um lieben zu können, müssen wir Leiden verstehen.

Meine Vision vom Reich Gottes ist nicht, dass dies ein Ort ohne Leiden sei. In meiner Vision ist dieses Reich ein Ort voller Verständnis und Mitgefühl. Aber an diesem Ort gibt es immer auch Leiden. Denn damit ein Lotos wachsen kann, muss er im Schlamm gedeihen.

Der erste Schritt ist, das Leiden wahrzunehmen

Oft wissen wir nicht, wie wir unser Leid umwandeln können. Der erste Schritt besteht darin, unser Leiden wahrzunehmen. Das können wir lernen. Umarmt es, betrachtet es. Akzeptiert, dass es da ist. Doch das widerspricht zunächst einmal dem, was die meisten Menschen wollen. Die meisten wollen das Leiden verdrängen, es nicht sehen, nicht haben.

Viele kultivieren die Haltung: „Ich mag dieses und jenes" und „Ich mag dies und das nicht". Alle unsere Vorlieben und Abneigungen sind in unserem sogenannten Speicherbewusstsein verankert. Das Speicherbewusstsein, auch *alaya*-Bewusstsein genannt, ist in der Tiefe unserer Psyche angesiedelt. Das Unbewusste, wie wir es aus der westlichen Psychologie kennen, ist nur ein Teil des Speicherbewusstseins. Wenn wir die inneren Knoten und Fesseln, die tief in unserem Bewusstsein liegen, erkennen und transformieren können, wird uns das befreien und heilen. Wir nennen das *asrayaparavritti*, grundlegende Transformation oder Transformation, die an der Basis ansetzt.

Die dort gespeicherten Informationen wirken fortwährend auf unser Leben ein. So haben wir nicht wirklich eine freie Wahl bei unseren Entscheidungen. Tatsächlich bestimmen diese Informationen in unserem Speicherbewusstsein, was wir wählen. Erst durch Achtsamkeit können wir diesen „unbewussten" Vorgang durchbrechen. Ohne Achtsamkeit ist Freiheit nicht möglich, wir reagieren nur. Wir sind wie Roboter.

Achtsamkeit verhindert,
im Autopilot-Modus zu leben

Es gibt zahllose Programme in unserem Speicherbewusstsein – schon seit unserer Kindheit. Nur Achtsamkeit verhindert, dass wir auf Autopilot schalten und ganz automatisch oder reaktiv handeln. Erst wenn wir ganz bewusst sind, können wir die Wunder des Lebens wirklich sehen und sie berühren, können ganz lebendig sein.

Dank der Achtsamkeit realisieren wir, dass das Reich Gottes, das Reine Land des Buddha, uns im Hier und Jetzt zur Verfügung steht. Wenn wir das wirklich verstehen, füllen wir unser Speicherbewusstsein an mit Freude und Glück.

Eine liebevolle Begegnung, ein Dharma-Vortrag oder eine hilfreiche Tat sind Wasser für die positiven Samen in unserem Speicherbewusstsein, die dort gehegt und gepflegt werden müssen, damit sie aufgehen. So gesehen wirkt alles Positive um uns herum wie eine Bewässerungsanlage für die Samen von Glück und Freude. Andere Einflüsse jedoch wie zum Beispiel menschenverachtende Fernsehfilme, gewaltverherrlichende PC-Spiele oder Actionfilme, die Mord und Folter zeigen, bewässern andere Arten von Samen, nämlich die der Angst, Furcht, Wut und Verzweiflung.

Alles, was auf unser Geistbewusstsein wirkt, hat eine direkte Auswirkung auf unser Speicherbewusstsein. Darum solltet ihr euch bemühen, nicht zu viele negative Dinge in euch aufzunehmen. Ihr solltet auch dafür sorgen, dass eure Kinder viele positive Dinge auf- und damit annehmen. Wenn die negativen Aspekte nicht gewässert und gedüngt werden, haben die positiven Dinge eine bessere Chance, zu gedeihen, stärker zu werden, mehr Raum einzunehmen.

Wirklich eine Wahl zu haben, das ist Freiheit

Mit Achtsamkeit und Verstehen haben wir die Möglichkeit, die Zustände in unserem Speicherbewusstsein zu beeinflussen. Nach einer Weile werden die positiven Samen darin stärker. Der Geist ist der Gärtner, der Speicher ist der Garten. Im Speicher gibt es Blumen und Gemüse, aber der Gärtner entscheidet, wie sie gehegt und gepflegt werden.

Achtsamkeit sorgt dafür, dass wir an der Kultivierung unseres Gartens mehr und mehr selbst beteiligt sind. Wenn wir achtsam sind, machen wir weniger Fehler, weil wir ein Bewusstsein dafür haben, was aus unseren Handlungen entstehen wird. Ohne Achtsamkeit suchen wir immer nur nach Genuss und ignorieren dabei die Gefahren. Mit Achtsamkeit sind wir uns dessen bewusst und haben die Wahl – das ist Freiheit. Wirft ein Fischer seine Angel aus, wird der Fisch in den Köder beißen. Der Fisch weiß nichts von dem Köder. Achtsamkeit lässt uns wahrnehmen, wenn in dem Objekt unserer Begierde eine Gefahr, ein Köder liegt, und wir haben die Möglichkeit, davon Abstand zu nehmen. Das ist wahre Entscheidungsfreiheit. Ohne Achtsamkeit sind wir blind.

Wir Menschen haben die natürliche Tendenz, vor dem Leiden davonzurennen. Aber mit Achtsamkeit können wir die Tiefe des Leidens entdecken. Als Erstes aber ist es überaus wichtig zu lernen, mehr Glück und Freude in unser Leben zu lassen. Der erste Schritt ist, Glück und Freude zuzulassen. Das entsteht durch Loslassen. Loslassen ist eine Kunst. Und Leiden loszulassen führt dazu, dass wir glücklich sind. Es ist vergleichbar damit, aus der Großstadt heraus aufs Land zu fahren: Die Natur macht uns glücklich, nachdem wir den Lärm und die Hektik der Stadt hinter uns gelassen, losgelassen haben. Wenn wir also fähig sind, Leiden loszulassen, geht es uns viel besser.

Unsere Idee von Glück hindert uns oft daran, wirklich glücklich zu sein

Wir haben sehr oft eine konkrete Vorstellung vom Glück. Wenn dieses so ist, wenn jenes sich in die Richtung entwickelt, wenn der Mensch mir das und das sagt … und so weiter. Jeder von uns kennt das. Aber oft ist es gerade diese Vorstellung, die uns daran hindert, wirklich glücklich zu sein. Wenn wir diese Vorstellung loslassen, haben wir eine Chance auf Glück. Es gibt so viele Sachen, von denen wir glauben, sie seien grundlegend und überaus wichtig für unsere Zufriedenheit und unser Glück. Es ist interessant, diese Dinge einmal aufzuschreiben und dann nachzuforschen, was wir davon loslassen können. Dieses Vorgehen schafft Freiheit und Freiraum für viele neue Möglichkeiten.

Viele Vorstellungen und Ideen sind einfach ein Hindernis für Glück und Frieden. Glück stellt sich nicht ein, indem wir Sachen anhäufen.

Loslassen ist also ein wichtiger Weg. Und die Achtsamkeit hilft uns zu sehen, welche wunderschönen Dinge bereits in uns sind, und auch zu genießen, welche wunderschönen Dinge jetzt um uns sind. Angenommen, unser Herz ist gesund, dann ist das eine wunderbare Sache. Normalerweise sind wir uns dessen nicht bewusst, und so genießen wir es überhaupt nicht. Achtsamkeit bringt uns zu Bewusstsein, wie wunderbar ein gesundes Herz ist, und darüber können wir uns freuen. Wir müssen nur die Augen öffnen, um zu sehen, welche guten und günstigen Umstände schon jetzt in unserem Leben gegenwärtig sind. Das bringt ein Gefühl von Freude und Zufriedenheit.

Der Buddha hat gesagt, es ist möglich, im Hier und Jetzt glücklich zu sein. Erst wenn wir das gelernt und erfahren haben, sollten wir uns der Wahrnehmung und dem Loslassen von unangenehmen Emotionen und Schmerzen in uns zuwenden. Denn dann sind wir gestärkt, um uns mit dem Leid in uns selbst auseinanderzusetzen.

Den eigenen Schmerz umarmen

Wir benutzen die positive Energie von Glück und Freude, um das Schmerzhafte in uns zu umarmen und umzuwandeln. Das ist die Praxis.

Der Buddha muss Mara nicht bekämpfen. Mara ist nicht sein Feind. Der Buddha ist die Energie der Achtsamkeit, die Mara umschließt und umwandelt. Alles, was wir in Achtsamkeit tun, kann die Energie der Achtsamkeit hervorbringen und stärken. So können wir mit den heilenden und umwandelnden Elementen in uns in Kontakt kommen. Es gibt keinen Kampf, sondern nur ein Wahrnehmen und Umarmen des Gefühls. Im Absoluten – manche nennen es „Gott", ich sage dazu, „der eine Geist" – befindet sich eine große Menge Energie. Wenn wir die Energie der Meditation und Achtsamkeit dazu verwenden, mit der Energie des einen Geistes in Verbindung zu treten, dann können wir unsere Situation verändern und umwandeln. Das ist ein wesentlicher Aspekt der Heilung in allen Bereichen.

Wir sind zugleich Buddha und Mara. Wir sollten dem Buddha erlauben, Mara zu umarmen. Das wird uns zur Einsicht der Nicht-Dualität führen: Wir sind ein Garten voller Blumen und Abfall. Ähnlich organisch ist die Liebe, auch sie hilft zu transformieren. Wenn wir wissen, wie wir mit dieser Liebe unserer Wut, unserem Hass, unseren Ängsten begegnen und diese umarmen, dann können wir sie in Liebe verwandeln. Blumen und Abfall sind ebenso organisch wie Liebe und Hass. Das ist Intersein, das wechselseitige Durchdrungen- und Verwobensein aller Dinge. Intersein ist die wahre Natur aller Wesen, das Einssein alles Existierenden. Und, das ist besonders wichtig, Intersein kann immer nur im Leben verwirklicht werden.

Die Blume kann nicht alleine existieren

Wenn wir tief schauen, entdecken wir, dass Sein immer nur als Intersein möglich ist. Die Blume kann nicht alleine existieren. Sie ist mit allem im Kosmos verbunden, von allem durchdrungen. Wenn wir tief in die Blume blicken, sehen wir eine Wolke. Wir wissen, dass es ohne die Wolke keinen Regen und kein Wasser gibt, deshalb kann die Blume nicht ohne die Wolke existieren. So ist die Blume in der Wolke. Und die Wolke ist auch in uns, denn wir bestehen zu über siebzig Prozent aus Wasser.

Es ist klar, dass die Blume und die Wolke einander durchdringen. Wenn wir die Blume weiter betrachten, sehen wir den Sonnenschein in der Blume. Ohne den Sonnenschein ist es unmöglich, dass die Blume blüht. Wir können den Sonnenschein nicht aus der Blume entfernen.

Betrachten wir die Blume weiter ganz achtsam und konzentriert, sehen wir die Sonne, den Kompost, das Wasser: alles, was in der Blume enthalten ist. Der ganze Kosmos ist zusammengekommen, damit es die Blume geben kann. Und das beinhaltet auch unser Bewusstsein. Eine Blume besteht nur aus Nicht-Blumen-Elementen. Diese Nicht-Blumen-Elemente können wir identifizieren als Wolke, Sonnenschein, Regen und so weiter. Darum können wir sagen, dass diese Blume nicht alleine, aus sich heraus existieren kann, sie muss intersein mit dem ganzen Kosmos.

Es ist uns allen möglich, die Verbundenheit dieser Blume mit allem, auch mit uns, zu erkennen. Und wenn wir die Natur des Interseins erkennen, berühren wir den Buddha. Aber weil wir die Dinge nicht fortwährend auf diese Art sehen, verlieren wir den Buddha auch wieder.

Das Reich Gottes ist jetzt oder nie

Wenn wir das Intersein der Blume sehen, sind wir glücklich. Aber wir sind es nicht gewohnt, längere Zeit so zu sehen, deshalb verlieren wir unser Glücklichsein immer wieder. Es ist die Energie der Achtsamkeit und Konzentration, die uns hilft, diese Einsicht wachzuhalten. Sind wir dazu in der Lage, ist der Buddha für uns jederzeit verfügbar und das „Reine Land" des Buddha ist uns zugänglich.

Die Lösung ist einfach: Wir müssen lernen, unsere Achtsamkeit und Konzentration aufrechtzuerhalten. Jeder von uns hat die Fähigkeit, achtsam und konzentriert zu sein. Weil wir uns aber nicht genügend darin üben, ist diese Energie noch schwach. Damit sie stärker wird, müssen wir Achtsamkeit und Konzentration üben. Beim Essen, beim Gehen, beim Spülen des Geschirrs – immer und überall. Der Buddha und das Reine Land sind jetzt oder nie. Mit der Achtsamkeitspraxis können wir den Buddha berühren. Für die Christen ist es das Gleiche: Das Reich Gottes ist jetzt oder nie. Wir müssen nicht warten, bis unser Körper sich auflöst, um Gott zu begegnen. Vielleicht ist es dann zu spät. Wenn wir in der Lage sind, uns den Geist von Achtsamkeit und konzentrierter Ausgerichtetheit zu erhalten, dann ist Gott oder das Reine Land für uns verfügbar. Für mich entspricht die Energie der Achtsamkeit und Konzentration der Energie des Heiligen Geistes. Wo Achtsamkeit und Konzentration gegenwärtig sind, da ist das Leben, da sind Mitgefühl und Verstehen gegenwärtig. Wo der Heilige Geist ist, sind ebenfalls das wahre Leben, Mitgefühl und tiefes Verstehen. Es wäre schön, wenn wir unser Leben so einrichten könnten, dass wir den Buddha berühren, das Reine Land berühren, das Reich Gottes berühren, Gott berühren – jeden Tag.

Wir vergeuden unser Leben, wenn wir nicht wissen, wie wir den Buddha, wie wir Gott berühren können

Es gibt keinen Tag, an dem ich es nicht genieße, im Reinen Land des Buddha zu sein, im Reich Gottes. Wir vergeuden unser Leben, wenn wir nicht wissen, wie wir den Buddha, wie wir Gott berühren können. Und das können wir überall. Wenn wir zum Beispiel mit Achtsamkeit und Konzentration am Flughafen stehen oder auf einem Bahnhof, dann werden der Flughafen und der Bahnhof durch unsere Achtsamkeit zum Reinen Land des Buddha, zum Reich Gottes.

Ich bin mit einem Künstler befreundet, er malt Wolken. Für ihn sind es nur Wolken wert, gemalt zu werden. Ich habe tief geschaut, um ihn zu verstehen. Wolken nehmen viele Formen an, verändern sich ständig. Wolken können uns Nicht-Form und Unbeständigkeit lehren. Mal sieht die Wolke aus wie ein Elefant, im nächsten Moment gleicht sie einem Baum. Doch halten wir den Elefanten fest, dann können wir uns nicht am Baum erfreuen.

Wenn wir tief in eine Wolke hineinschauen, berühren wir ihr Intersein, wir sehen ihre Verbundenheit mit allem. Es ist nicht so, dass mein Freund, der Maler, eine bestimmte Wolkenformation besonders liebt oder bevorzugt. Wenn wir an einer Wolke haften und diese Wolke dann verschwindet, sind wir traurig und müssen vielleicht weinen. Wir glauben, unsere geliebte Wolke sei tot, sei nicht mehr da.

Aber wir, die wir uns in tiefem Schauen üben, wir glauben nicht daran, dass eine Wolke sterben kann. Eine Wolke kann zu Regen, Schnee oder Hagel werden, aber es ist unmöglich für eine Wolke, zu nichts zu werden, also zu sterben. Die wahre Natur der Wolke ist die wahre Natur der Nicht-Geburt und des Nicht-Todes.

Wenn wir unsere geliebte Wolke nicht mehr am Himmel sehen, sollten wir nicht traurig sein, sondern lernen, die Wolke in anderen Formen zu erkennen. So werden wir nicht gefangen von Verzweiflung, Traurigkeit und Sorgen. Vielleicht hat die Wolke jetzt die Form des Regens und sie winkt uns zu: „Mein Freund, siehst du mich nicht? Hör auf zu weinen." Wenn ihr gerade einen Menschen, der euch nahe stand, verloren habt, dann seid nicht verzweifelt, sondern seid euch dessen gewiss, dass dieser Mensch immer noch um euch ist, nur in einer anderen Form.

Stellt euch vor, wir trinken Tee. Wenn wir das in Achtsamkeit tun, können wir sehen, dass wir dabei auch eine Wolke trinken. Unsere Wolke ist vielleicht nicht länger am Himmel zu sehen, aber sie ist jetzt in dieser Tasse Tee – viel näher bei uns, als wir vielleicht erwartet hätten.

Ich genieße es, am Morgen einen Tee zu trinken, und dieser Tee wird später vielleicht zu einem Gedicht oder einem Dharma-Vortrag.

Die Natur der Nicht-Geburt und des Nicht-Todes berühren

Der Buddha hat uns geraten, in unserem Leben achtsam zu sein, denn dann können wir die Natur des Interseins erkennen, die Natur der Nicht-Geburt, des Nicht-Todes berühren. Und wenn wir dazu in der Lage sind, sind wir nicht länger das Opfer von Verzweiflung, Ärger und Sorgen. Geburt und Tod sind nur Vorstellungen, Konzepte.

Gemeinhin denken wir, dass wir von nichts zu etwas werden oder von niemandem zu jemandem. Aber wenn wir tief schauen, sehen wir, dass nichts aus dem Nichts kommt, sondern jedes Ding, jedes Sein aus etwas anderem entsteht. Wir können von der „Geburt" eines Stücks Papier sprechen, aber dieses Stück Papier ist nicht aus dem Nichts gekommen. Wenn wir ein Stück Papier berühren, berüh-ren wir auch die Wolke, den Baum, den Arbeiter in der Papierfabrik. Papier besteht nur aus Nicht-Papier-Elementen. Das Stück Papier ist nicht aus dem Nichts gekommen, deshalb ist die Natur des Papiers die Natur der Nicht-Geburt.

Versuchen wir nun, dieses Stück Papier zu verbrennen, wird es uns nicht gelingen, dadurch dieses Stück Papier in nichts zu verwandeln. Dieses Papier ist wie eine Wolke. Die Wolke kann nicht nichts werden. So wie die Wolke nie sterben kann, so kann ein Stück Papier nie in nichts verwandelt werden.

Stellt euch vor, ich würde das Papier mit einem Streichholz anzünden. Wenn das Papier verbrennt, entstehen Hitze, Licht, Rauch und Asche. Die Hitze und das Licht durchdringen alles, den ganzen Kosmos. Der Rauch wird vielleicht zu einer Wolke aufsteigen, um eines Tages Tee zu werden. Die Asche kehrt zurück zur Erde, nährt die Bäume. Wir können sagen, dass hier eine Fortführung geschieht, wir können nicht von Tod sprechen.

Ohne unsere Ängste und Verzweiflung wird wahres Glück möglich

Sind wir also in der Lage, tief zu schauen und unsere Natur der Nicht-Geburt und des Nicht-Todes zu berühren, schwinden all unsere Ängste und all unsere Verzweiflung. Ohne unsere Ängste und Verzweiflung wird wahres Glück möglich.

Nicht nur Geburt und Tod sind Vorstellungen, auch Sein und Nicht-Sein sind es. Schaut euch eine Streichholzschachtel an und sagt mir, ob die Flamme, mit der ich das Papier entzünden werde, schon in diesem Moment existiert oder noch nicht. Die Natur der Flamme ist ebenso wie die Natur der Wolke die Natur der Nicht-Geburt und des Nicht-Todes. Wir wissen, dass die Flamme in unseren Gedanken ist.

Sie hat sich noch nicht manifestiert, aber sie kann auch nicht als nicht-existent beschrieben werden. Wir können also zur Flamme sprechen und ihr sagen: „Liebe Flamme, ich weiß, du bist irgendwo da." Wenn wir die Flamme konzentriert und tief betrachten, sehen wir, dass die Bedingungen für die Flamme schon ganz gegenwärtig sind, und zwar in der Schachtel und auch außerhalb, denn ohne den Sauerstoff in der Luft ist es für die Flamme unmöglich, sich zu manifestieren.

Die Flamme braucht also noch weitere Bedingungen, um sich zu manifestieren. Die erste ist unser Wille, die Flamme zu manifestieren. Und die zweite ist eine Bewegung meiner Hand. Wir können der Flamme sagen: „Liebe Flamme, du kannst mich nicht täuschen. Du bist nicht nicht-existent. Ich weiß, dass jetzt ausreichende Bedingungen für deine Manifestation da sind. Also bitte, manifestiere dich." Und die Flamme manifestiert sich. Dann möchte ich die Flamme so lange wie möglich behalten. Aber ich weiß, ab einem bestimmten Moment muss ich sie loslassen.

Der Buddha sagt, bevor sich die Flamme nicht manifestiert hat, kann sie nicht als Nicht-Sein beschrieben werden. Und nachdem sie sich manifestiert hat, kann sie auch nicht als Sein beschrieben werden. Von Nicht-Sein zu Sein werden, das ist etwas Unmögliches.

Sein und Nicht-Sein sind nur Vorstellungen, die nicht in Einklang zu bringen sind mit der Natur der Wirklichkeit. Einige Theologen sprechen von Gott im Sinne von Sein. Paul Tillich (1886–1965) sagte, Gott sei die Basis, der Grund allen Seins. Ich würde gerne noch tiefer schauend fragen: „Wenn Gott die Basis allen Seins ist, was ist dann die Basis allen Nicht-Seins?" Für mich kann Gott nicht in den Begriffen von Sein und Nicht-Sein beschrieben werden. Und ich glaube, dass es Theologinnen und Theologen gibt, die mit mir darin übereinstimmen.

Jetzt, wo die Flamme sich fest manifestiert hat, können wir ihr eine Frage stellen: „Liebe Flamme, woher bist du gekommen?" Und wenn wir genau hinhören, verstehen wir die Antwort: „Lieber Thay, ich, die Flamme, bin von nirgendwo gekommen. Ich bin nicht aus dem Norden, nicht aus dem Süden, nicht aus dem Westen und nicht aus dem Osten gekommen. Meine wahre Natur ist die Natur des Nicht-Kommens. Wenn genügend Bedingungen vorhanden sind, manifestiere ich mich. Und wenn die Bedingungen nicht mehr ausreichend sind, höre ich auf, in dieser Manifestation zu sein, und werde mich in einer anderen Form manifestieren."

Die wahre Natur
des Nicht-Kommens und Nicht-Gehens

Die Natur der Flamme ist also auch die Natur des Nicht-Kommens. Sie ist von nirgendwo gekommen. Wir können weiter fragen: „Liebe Flamme, wohin wirst du gehen?" Und wir werden als Antwort hören: „Lieber Thay, ich werde nirgendwohin gehen – nicht in den Norden, nicht in den Westen, Süden oder Osten. Meine wahre Natur ist die Natur des Nicht-Kommens und des Nicht-Gehens. Wenn die Bedingungen ausreichend sind, manifestiere ich mich in dieser Form, wenn die Bedingungen nicht mehr ausreichend sind, manifestiere ich mich in einer anderen Form."

Auch in unserem täglichen Leben sind wir wie diese Flamme. Wir produzieren und schaffen Dinge, die dann unsere Fortführung sind. Jedes Mal, wenn wir einen Gedanken produzieren, ist dieser Gedanke unsere Fortführung. Wenn dieser Gedanke ein Gedanke der liebenden Güte ist, ein Gedanke des Verstehens und nicht der wertenden Unterscheidung, wird dieser Gedanke eine positive Wirkung auf uns, unsere Gesundheit und unser Umfeld haben. Und wenn wir in unserem täglichen Leben weiterhin solche positiven, nährenden Gedanken schaffen, wird unsere Fortführung eine positive, nährende sein.

Unsere Natur ist die Natur der Nicht-Geburt und des Nicht-Todes. Die von uns geschaffenen Gedanken, Worte und Handlungen ermöglichen unsere Fortführung. Wenn wir etwas sagen, das die Qualität von Versöhnung, Verstehen, von Mitgefühl und Liebe in sich trägt, wird sich das auf uns ebenso wie auf andere in unserer Umgebung auswirken. Sobald wir Worte gesprochen haben, haben sie eine Wirkung, die wir nicht mehr stoppen können.

Achtsamkeit hilft uns zu erwachen

Immer wenn wir Gedanken voller Ärger, Verzweiflung und wertender Unterscheidung schaffen, schaden wir damit unserer Gesundheit und der Gesundheit der Welt. Achtsamkeit lässt uns erkennen, dass das nicht gut ist. Und dieses Verstehen hilft uns, andere Gedanken zu denken. Durch einen liebevollen Gedanken haben wir die Möglichkeit, den vorangegangenen negativen Gedanken zu neutralisieren.

Wir haben uns eine Blume, eine Wolke und ein Stück Papier angeschaut. Und wir haben erkannt, dass wir ihre wahre Natur anschauen, wenn wir diese Dinge tief betrachten. Im Buddhismus gibt es den Begriff „Nirwana", er bedeutet Auslöschung von Vorstellungen. Auslöschung der Vorstellungen von Geburt und Tod, Kommen und Gehen, Sein und Nicht-Sein. Das größte Geschenk, das wir erhalten können, ist Nirwana zu berühren, unsere Nicht-Geburt, unseren Nicht-Tod.

Wenn wir unseren Sohn oder unsere Tochter anschauen, sehen wir im tiefen Schauen, dass Tochter oder Sohn die Fortführung des Vaters und der Mutter sind. Die meisten von uns haben ein Familien-Album, in dem wir auch die Bilder von uns als Kinder aufbewahren. Wenn wir ein Bild von uns betrachten, dann fragen wir: „Sind wir die gleiche Person wie der kleine Junge oder das kleine Mädchen auf dem Foto oder sind wir verschiedene Personen?"

Ich bin freundlicher als mancher Zen-Meister und gebe diese Frage jetzt nicht als Koan weiter. Wenn ihr euch auf dem Foto als fünfjähriges Kind tief anschaut, könnt ihr hören: „Mein Lieber, du bist nicht die gleiche Person wie ich, aber du bist auch keine Person, die von mir verschieden ist." Wenn der Sohn tief in sich hineinblickt, wird er sehen, dass er nicht verschieden von seinem Vater ist. Es ist nicht so schwierig zu sehen, dass der Sohn die Fortführung des Vaters ist. Der Sohn trägt den Vater in jeder Zelle seines Körpers. Der Vater ist in jeder Zelle des Sohnes vollkommen gegenwärtig.

Heutzutage gibt es viele Jugendliche, die mit ihren Vätern nichts zu tun haben wollen und ihnen grollen. Wir sollten ihnen helfen zu erkennen, dass sie die Fortführung ihrer Väter sind und dass sie sie niemals aus sich entfernen können.

Auf seinen Vater oder seine Mutter wütend zu sein bedeutet, auf sich selbst wütend zu sein. Es gibt keinen Ausweg, man muss sich mit seinem inneren Vater, mit seiner inneren Mutter versöhnen. Und dann muss man sich mit dem Vater und der Mutter im Außen zu versöhnen suchen. Die Lehren des Buddha können uns helfen, so tief zu schauen, dass Versöhnung möglich wird.

Rechte Ansicht zeigt sich in den Früchten unserer Praxis

Nirwana ist nichts, dem wir nachrennen müssten. Nirwana ist unsere wahre Natur, die wahre Natur des Weder-Seins-noch-nicht-Seins, die wahre Natur des Weder-Kommens-noch-Gehens, die wahre Natur des Nicht-gleich-und-nicht-verschieden-Seins, die wahre Natur von Weder-Geburt-noch-Tod.

Wenn wir die Gelegenheit haben, die Dinge wie zum Beispiel die Blume oder die Wolke tief zu betrachten, haben wir die Gelegenheit, unsere Natur der Nicht-Geburt und des Nicht-Todes zu erfassen und ganz tief mit dieser Wahrheit in Berührung zu sein. Achtsamkeit und Konzentration helfen uns, rechte Ansicht zu entwickeln. Rechte Ansicht zeigt sich in den Blüten, den Früchten unserer Praxis. Es sind Einsicht in und Verwirklichung von Unbeständigkeit und Nicht-Selbst, Interdependenz, Intersein und Nirwana. Mit dieser Weisheit wird jeder Gedanke ein rechter Gedanke, jedes Handeln ein rechtes Handeln, jedes Sprechen ein rechtes Sprechen, jede unserer Fortführungen eine Fortführung in rechter Schönheit.

Wir selbst werden auf diese Weise eine Fortführung des Buddha. Der Buddha benötigt uns für seine Fortführung.

Der Buddha ist keine vage Idee, der Buddha ist Weisheit, rechte Ansicht, rechte Handlung, rechte Gedanken und rechte Worte. Wenn wir gut zusammen leben und praktizieren, dann können wir das realisieren.

Ein Buddha ist nicht genug

Es ist für uns sehr wichtig, die Praxis der Achtsamkeit und Konzentration zu erlernen. Einige verstehen vielleicht anfangs noch nicht viel, aber ihre guten Samen werden trotzdem gewässert. Es ist kein buddhistisches Studium, sondern es ist die Achtsamkeitspraxis, die uns alle befähigt, unsere Spannungen, unser Leiden wahrzunehmen und loszulassen. Wir brauchen auf diesem Weg aber Menschen, die uns helfen, besonders wenn wir unseren Schmerz, unser Leiden umarmen. Menschen, die uns so lange stützen, bis wir alleine stehen können. Später helfen wir dann anderen und unterstützen sie.

Ein Buddha ist nicht genug. Wir brauchen viele Menschen. Wir brauchen die Gemeinschaft, die Sangha. Wenn wir in einer solchen Gemeinschaft leben, wissen wir, dass Achtsamkeit, Frieden, Freude und Freiheit eines jeden Sangha-Mitglieds sehr stark mit unserer Achtsamkeit, unserem Frieden, unserer Freude und Freiheit, unserem Wohlbefinden verbunden sind. Wenn wir die Energie der liebenden Güte und des Mitgefühls in unserem eigenen Herzen erzeugen können, heilt diese Energie unseren Geist und Körper. Erst dann kann unsere Energie auch den Geist und Körper der Menschen in unserer Nähe heilen. Dann erst profitieren wir alle davon.

Leben ist ein Wunder, ist Freude. Leben ist in jedem Moment. Intersein ist Leben.

Ein stilles Glück

Anja, 48, verheiratet, drei Kinder, Unternehmerin

Ich kam vor zwei Jahren zum Zen – aus reiner Neugierde. Wie viele hatte ich ein bisschen was gelesen, habe mich interessiert und dann einfach ausprobiert. So fuhr ich zu meinem ersten Zen-Seminar an den Chiemsee nach Bayern. Das Wissen, in diesem Fall das Richtige gefunden zu haben, war direkt, ganz klar. Ich „wusste", dass Zen auf meinem intensiven Weg in Richtung Selbstverwirklichung ein wichtiger Baustein sein würde. Ich hatte versucht, mir Zen über Bücher anzueignen, das hat nicht funktioniert. In diesem Seminar verstand ich dann, was Meditation bedeutet.

Es passierte, indem ich es einfach tat. Ich wurde angeleitet, tat, was man mir sagte, und begriff plötzlich mit meinem Körper und meiner Seele, was Meditation ist. Das konnte ich vorher nicht mit dem Kopf, dem Verstand, erleben, ich musste es tun – und dazu brauchte es jemanden, der es mir zeigte.

Meditation wirkt sich positiv auf mein Leben aus

Danach habe ich zu Hause weiter meditiert, „gesessen", wie das Sitzen auf dem Meditationskissen oder Bänkchen im Zen genannt wird. Ich sitze morgens 25 bis 45 Minuten. Zugegeben, es gibt auch Phasen, in denen ich nicht meditiere. Doch das spüre ich bald, es tut mir nicht gut. Meditation hat einen unmittelbaren und positiven Effekt auf mein Leben, sonst würde ich es nicht tun, das ist reiner Pragmatismus.

Ich bin in meinem Alltagsleben extrem hektisch, mache viele Dinge, bin sehr gestresst und auch wohl – das sagen andere – überaktiv. Seitdem ich meditiere, bin ich sortierter und kann besser schlafen, was einen echten Gesundheitseffekt hat. Früher hatte ich sehr viele Krankheitssymptome – ausgelöst durch den Stress. Seitdem ich meditiere und mich körperlich bewege, geht es mir einfach besser. Ich praktiziere Yoga, das gehört für mich zur Meditation dazu. Das ist mein Rezept für Gesundheit.

Es gibt Zustände, die sind einfach nur schön

Schon bevor ich zu meditieren begann, machte ich immer wieder ungewöhnliche „Erfahrungen", die ich jedoch nicht zuordnen konnte. Durch die Meditation sind diese „Erfahrungen" klarer geworden. Mir ist bewusst, dass sie nicht komisch oder ungewöhnlich sind. Wenn ich heute länger meditiere, dann komme ich z. B. in eine Art „Zustand", der einfach nur schön ist. Ich kannte diesen „Zustand" vorher auch schon, aber da war er immer verbunden mit äußeren Einflüssen wie einem tollen Ausritt oder dem Spielen mit meinen Kindern am Wasser. Das Neue ist, dass diese Freude, dieses Gefühl jetzt wirklich komplett aus mir selbst kommt. Das Grundgefühl ist vergleichbar, nicht schöner und nicht schlechter. Der Unterschied ist: Die Ursache des einen kommt aus mir selbst, die des anderen kommt von außen. Es ist ein stilles Glück, das aus mir selbst kommt.

Über solche Erfahrungen kann ich jetzt mit meinem Lehrer reden. Ich habe ihn gebraucht, um das überhaupt zu verstehen. Immer wieder bin ich an Punkte gelangt, an denen ich nicht weiterkam, an denen es nicht weiterging. Da waren und sind plötzlich Widerstände oder es passieren Dinge, mit denen ich nicht klarkomme. Dann hilft ein Lehrer. Aber mit der Zeit brauche ich ihn immer weniger, glaube ich.

Kritisch wird es, wenn Altes aus dem Unterbewusstsein hochsteigt

Im Grunde geht es um mich selbst, um meine Entwicklung. Ich hatte beispielsweise extreme Widerstände in einem siebentägigen Seminar, auf dem wir nur Zazen übten – Sesshin oder Rohatsu heißen diese Übungszeiten. Innerhalb von sechs Stunden kamen immer wieder Attacken aus meinem Unterbewussten hoch, sodass ich am liebsten jemanden verprügelt hätte. Richtige „Pakete" von Wut, Zorn, Ärger, aber auch Traurigkeit, und alles, was ich an schwierigen Themen glaubte, gelöst zu haben, hat sich noch einmal gezeigt.

In mir geht in der Tiefe der Meditation immer wieder ein kleines Türchen auf, da kommt was hoch, das ist dann da und muss bearbeitet, beobachtet werden. Und um in diesen Phasen die Dinge klar zu bekommen, brauchte ich den Lehrer, ich wäre ohne ihn verloren gewesen. Ganz klar waren das massive Krisen, die auch einmal zu einem richtigen Zusammenbruch führten. Dann ist ein Lehrer wichtig. Er hilft mir auch bei spirituellen Hindernissen. Ich kann ja nicht den Arzt bitten, mir eine Spritze zu geben, damit ich das alles, mich, nicht mehr spüre.

Zen ist für mich ein schwerer Weg

Für mich ist Zen ein schwerer Weg. Das liegt daran, weil ich prinzipiell ein sehr energetischer Mensch bin. Ich habe sehr, sehr viel Energie. Für mich ist es immer wieder und nach wie vor eine große Herausforderung, mich auf dieses Meditationskissen zu setzen. Das ist für mich unglaublich schwer. Aber ich weiß, ich habe es erfahren, gespürt, dass es mir extrem gut tut. Deshalb mache ich weiter. Zen ist für mich ein Werkzeug, meinen eigenen Weg zu gehen.

In der Kontemplation sprechen wir
vom „Sakrament des Augenblicks".
Denn nur in der Präsenz des Augenblicks
ist die Kommunikation mit Gott möglich.
Nur im Hier und Jetzt
lässt sich die Wirklichkeit erfahren.

Willigis Jäger

Etwas ist in mir, das mich hindert, das Leben ganz zu genießen

Katja, 39, verheiratet, Studienrätin

Mein Vater war evangelischer Pfarrer, meine Mutter arbeitete als Gestalttherapeutin. Beide waren spirituell und interessierten sich für Meditation, praktizierten Zen. Kein Wunder also, dass meine beiden Schwestern und ich uns ebenfalls für diese Themen interessierten. Eine Schwester macht heute Yoga, die andere praktiziert, übt Achtsamkeit so wie ich.

Ich kannte Thay, so nennen wir Schüler unseren Lehrer Thich Nhat Hanh, schon als Kind durch meinen Vater, der sehr große Stücke auf ihn hielt. Ich praktizierte in meiner Jugend aber nicht und hatte auch keinen Lehrer. Erst nach dem Studium, zu Beginn meiner Berufstätigkeit als Lehrerin, war da plötzlich der Wunsch nach einer eigenen Praxis. Zufällig bekam ich nach vielen Jahren wieder ein Buch von Thich Nhat Hanh in die Hand. Was ich da las, sprach mich erneut an. Als ich dann noch erfuhr, dass Thay in Europa und nicht in Asien – wie ich ursprünglich dachte – lebt, beantragte ich ein Sabbatjahr in der Schule und fuhr für drei Monate zu ihm nach Plum Village. Und jetzt bin ich seit sechs Wochen hier.

In den letzten Tagen fragte ich mich öfter, ob ich dem Leben in der Welt ausweiche. Mein weltliches Leben ist ein gutes Leben. Ich habe einen Mann, Freunde, eine Arbeit, die mir Spaß macht, und keine größeren Probleme. Aber es gibt auch Schwierigkeiten. Ich bin nicht zutiefst glücklich, habe Probleme, mit Stress umzugehen, setze mich schnell selbst unter Druck. Durch meine Mutter bin ich perfektionistisch geprägt, so wie sie die Prägung wohl durch ihre Mutter bekam. Und ich spüre manchmal eine eigenartige Traurigkeit, etwas, das mich davon abhält, das Leben wirklich ganz zu genießen.

Bei diesen Problemen hilft mir die Achtsamkeits-Praxis. Durch sie finde ich immer schneller wieder zu mir zurück. Auch die Stimme, die mich normalerweise im Alltag antreibt, ist leiser geworden. Ich brauche aber den regelmäßigen Kontakt und den Rückhalt der Gemeinschaft und meiner Freunde, die ebenfalls versuchen, achtsam zu leben.

In meinem Alltag sitze ich nicht jeden Morgen auf dem Kissen und meditiere. Ich versuche, Achtsamkeitsübungen einfließen zu lassen. So mache ich zu Hause z. B. eine Gehmeditation morgens auf dem Weg zur Schule, gehe an einem Bach entlang. Oder ich übe „tiefes Zuhören", wie wir bewusstes und aufmerksames Zuhören nennen, und versuche, die Schönheit des Jetzt, des Augenblicks zu sehen und zu erleben.

Der Buddha im Außen öffnet den Buddha in mir

Meine größte Kraft ziehe ich aus meiner Verbundenheit zum Buddha, in dem ich mich sehe. Wenn ich Probleme habe, dann setze ich mich vor einen Buddha und verbinde mich mit meiner Buddha-Natur. Ich atme dann ganz bewusst ein und wieder aus, dabei lege ich die Sorgen in die Hände des Buddhas. Die Buddha-Statue ist für mich die Projektion der Buddha-Natur in mir: Das große Verstehen, Tatkraft, die Freude, Mitgefühl – all das ist der Buddha für mich. Das ist sehr hilfreich. Ich habe eine ganz lebendige Vorstellung von dem, was der Buddha ist. Und wenn ich seinen Frieden sehe, dann bin auch ich friedlich. Der Buddha im Außen öffnet so den Buddha in mir.

Ich erlebe in der Meditation auch Situationen, in denen der Atem von alleine fließt. In diesen Momenten ist niemand mehr da, der atmet. Aber das geschieht selten, ich bin oft abgelenkt. Vielleicht wäre eine Zendo, also das Meditieren in einer Meditationshalle in der japanischen Tradition, ohne Ablenkungen für mich hilfreich. Das überlege ich manchmal. Andererseits ist für mich bei dem Prozess der Herzöffnung und bei der Bewältigung von starken Gefühlen die starke Gemeinschaft von Thay eine wichtige Hilfe und Unterstützung.

Ich möchte den inneren Frieden kultivieren, meine Sorgen loslassen. Ich möchte mich so akzeptieren können, wie ich bin. Ja, das möchte ich als Gewohnheitsenergie etablieren. Das soll mein Wesen sein. Ich will lernen, den gegenwärtigen Augenblick zu genießen, denn dann bin ich glücklich, aber das ist nicht so leicht, wie es sich jetzt anhört.

Am Anfang ist es schwer:
Ihr hört noch die Dinge, nehmt alles noch wahr;
Zerstreuung und Verwirrung sind noch da,
aber dann – plötzlich – taucht eine Mitte auf,
eine Mitte voller Ruhe und Stille,
ein Lächeln entsteht.

Hinnerk Syobu Polenski

In mir ist eine stete Quelle der Kraft

Tilman, 61, geschieden, neue Partnerschaft,
bildender Künstler

Beim Bergsteigen im Himalaya sah ich zum ersten Mal Menschen, die meditierten. Das war in den Siebzigerjahren. Wir kehrten damals immer in Klöstern ein, um zu übernachten. Zunächst genoss ich diese Besuche als touristische Attraktion. Irgendwann spürte ich aber die tiefe Konzentration, die von diesen Orten ausging und die mich sehr bewegte. Das war anders als alles, was ich zuvor erlebt hatte. Auch die Menschen, die im Umfeld dieser Klöster lebten, wirkten gelassen, waren unaufgeregt und freundlich. So wuchs in mir das Bedürfnis zu meditieren. Zurück zu Hause suchte ich nach Möglichkeiten, hier in Deutschland Meditation näher kennenzulernen.

Besonders faszinierte mich die Ruhe, die Stille. Ich habe als Bildhauer und Lehrer mit sehr vielen Menschen zu tun, und es ist oft eine große Anstrengung, in der Kommunikation jedem Schüler gerecht zu werden. Die Aufenthalte in den Klöstern erlebte ich damals wirklich als eine Pause in diesem Getöne und Geplärre. Daraus erwuchs eine ganz wichtige Motivation, nämlich die Stille in mir selbst zu finden.

Begonnen habe ich dann mit einer sehr bewegten Meditation. Vor der Stille kam in der Gruppe, in der ich damals meditierte, ein Tanz. Diese aktive Bewegung kam mir sehr entgegen, ich bin ein Bewegungsmensch. Ich konnte nicht sofort in die Stille kommen, musste über die körperliche Anspannung zunächst in eine körperliche Entspannung finden.

Nach dem Tanz zu liegen, alleine, und zu erfahren, was mich bewegt, zu spüren, was von mir abfällt und wie sich das wieder anfühlt – das war die erste wichtige Erfahrung.

Jahre später begann ich dann mit Zen. Anfangs bekam ich ein nur paar Anleitungen und besuchte regelmäßig eine Gruppe, die meine Erfahrungen verstärkte. Was dazu beitrug, dass ich in schwierigen Zeiten durchhielt, in denen ich alleine sicher nicht weitergemacht hätte. Das war nicht immer lustig. Irgendwann stellte sich mir die Frage: „Warum sitze ich hier eigentlich, was soll das?" Ich hatte manchmal hundert Impulse, dass diese Situation unangenehm und etwas anderes wichtiger sei. Dann kam eine Zeit, in der mir während des Sitzens alles wehtat. Ich war oft verzweifelt, dachte immer dasselbe, glaubte, mich im Kreis zu drehen und vieles mehr. Da war der Widerstand gegen das, was in meinem Innersten passierte. Und das ist manchmal auch heute noch so. Ich bin voll von diesen drängenden Eindrücken des Tages, ohne Ruhe, finde keine Stille. Doch jetzt kann ich solche Situationen mit meinem Lehrer besprechen, das hilft.

Der Lehrer sagt zu meinen Nöten: „So ist das Leben"

Wenn ich Paul davon erzähle, sagt er ganz banal: „Das ist alles egal. Das spielt keine Rolle, im Gegenteil. So ist das Leben. Es ist lustig und nicht lustig."

Ich weiß genau, was ich von einem Lehrer erwarte. Ich möchte einerseits, dass er meine Situation sortiert und andererseits auch die Verantwortung mitträgt. Und außerdem gibt es auch Fragen wie: „Wir sitzen ja immer alle schweigend miteinander, ist das eigentlich der Weg, mein Weg?"

Oder: „Mache ich mir nicht eigentlich was vor?" Zu alledem will ich einen Lehrer fragen können. Er soll verhindern, dass ich mich verrenne, verirre, dass ich den Weg aus den Augen verliere.

Ich kenne Menschen aus dem esoterischen Bereich, bei denen ich das Gefühl habe, ihr Weg führt sie in die Irre. Dieses Gefühl habe ich bei meinem Weg nicht, aber ich habe auch nicht die Klarheit, wo er hinführt. Und manchmal brauche ich einen Spiegel, jemanden, der sagt: „So geht es aber nicht." Oder: „Ist dir klar, was du da tust?" Oder: „Geh mal dieses oder jenes Thema an."

Für mich ist es gut, jemanden zu haben, der mich ein bisschen leitet. Nicht in dem Sinne, dass er mir sagt, was ich denken und tun soll. Sondern im Sinne von begleiten und in eine Situation hineinstoßen. Jemand, der mir sagt: „Setz dich damit auseinander, und dann tu das mit deinen Möglichkeiten in deinem Raum, in deinem Leben." Und das versuche ich dann. Ich habe das Bedürfnis, mich selbst noch besser kennenzulernen. Ich kenne jetzt den Weg, mit mir heilsam umzugehen und mir Gutes zu tun. Zen ist eine Quelle der Kraft für mich geworden.

Tiefes, aufmerksames Zuhören lässt sich
in unserem Alltag praktizieren,
vorausgesetzt Sie wissen,
wie man achtsam atmet, und haben den Wunsch,
innere Ruhe und lebendiges Mitgefühl
in sich entstehen zu lassen.

Thich Nhat Hanh

Ich wusste nicht,
dass eine tiefe Traurigkeit in mir war

Gaby, 39, Single, Marketing-Fachfrau

Zen hat eigentlich mich gefunden. Im beruflichen Kontext begegnete ich einem Zen-Mönch, den mein Chef als Redner vorschlug, weil er ihn schon einmal gehört hatte. Als der Zen-Mönch bei uns sprach, spürte ich eine Kraft und Klarheit, die mich sofort begeisterte. Aber das war für mich noch nicht der Grund, selbst mit Zen zu beginnen. Der nächste Impuls kam wieder von meinem Chef. Er schlug vor, die Kunden, die bei der ersten Veranstaltung waren, zu einem Zen-Wochenendseminar einzuladen. Und da ich dieses Seminar organisierte, war auch ich dabei und meditierte zum ersten Mal in meinem Leben. Ich spürte, wie gut mir das tat, und da war plötzlich dieser Funke da.

Da war zunächst nur Chaos in meinem Kopf

Mich faszinierte die Idee, Zufriedenheit und Glück in den kleinen Dingen zu finden und auszuweiten. Mir war nicht bewusst, dass es in mir eine tiefe Traurigkeit gab. Eigentlich bin ich ein ganz fröhlicher, positiver Mensch, und dieser Hinweis auf die Traurigkeit, irgendwie indirekt angesprochen von dem Mönch im Vier-Augen-Gespräch, dem Dokusan, hat in mir damals etwas ausgelöst. Ich wollte dranbleiben und auf die Suche gehen. Meine erste Übung war: „Schau auf die Blume am Wegesrand und erfreue dich daran, finde das Glück in dir, jetzt."

Für mich ist der Zen-Weg ein schwerer Weg

Für mich ist der Weg schwer. Loslassen, der Aspekt der Leichtigkeit und meine Versuche, alles mit dem Verstand zu klären, das Ziel mit dem Willen zu erreichen, das sind Themen, die mir schwerfallen. 25 oder 40 Minuten zu üben, einfach loszulassen, ist also nicht leicht für mich. Es ist schon eine Überwindung, morgens früh aufzustehen, weil ich einen niedrigen Blutdruck habe. Morgens ist nicht meine Zeit. Aber letztlich ist es ein gutes Gefühl, 25 Minuten, manchmal sogar 40 Minuten gesessen zu haben. Ich bin dann klarer, strukturierter und komme besser durch den Tag.

Es hat sich vieles verändert. Es ist das Wissen, dass Meditation hilft und dass ich Kraft daraus schöpfen kann. Auch der Umkehrschluss, zu wissen, wann man eigentlich nicht in seiner Mitte ist oder nur so vor sich hin meditiert, ist deutlich zu spüren. Ich bin ruhiger geworden und nicht so sehr in diesen emotionalen Spitzen. Mein Leben wird zu einer immer harmonischeren Welle. Aber das ist ein Weg. Es ist schwierig für mich, an meine eigenen Emotionen zu kommen. Dazu gehört auch, wütend zu sein und die Wut zuzulassen. Zu sagen, ich bin wütend darüber und darüber, nicht immer nur Verständnis zu haben. Ich lerne, Wut zu haben und dann zu sagen, okay, das ist jetzt so.

Irgendwann war dann die Traurigkeit da

In den ersten Jahren habe ich meinem Lehrer nichts von mir erzählt. Zu Beginn der Meditation entwickelte sich in mir sehr schnell eine große Traurigkeit, ich wollte aufgeben, dachte, Zen kann doch nicht gut sein, wenn ich so traurig werde, da höre ich doch lieber auf. In dieser Zeit waren der Austausch, die Arbeit mit der Gruppe, mit erfahrenen Schülern und mit dem Lehrer wichtig. Sie halfen mir aus diesem Tief heraus, sodass ich weitergehen konnte auf meinem Weg.

Darum glaube ich, dass alleine zu meditieren, ohne Anbindung an eine Gruppe, oder an einen Lehrer nicht gut ist. Ich jedenfalls brauche Unterstützung. Ich komme nur schwer allein zurecht mit den Themen, die in mir vergraben sind. Eine Therapie hilft sicher auch. Sie ist ein zusätzlicher Weg, um das Leben zwischen den Menschen zu erklären, so ist meine Erfahrung. Für mich ist es deshalb wichtig, neben dem Zen andere Möglichkeiten wie Therapiegespräche, Gruppenprozesse zu haben, um die Selbsterforschung, die Selbstreflexion in der Meditation zu unterstützen.

Dennoch: Zen ist für mich Klarheit, Kraft, Form, eine Wohltat und auch Arbeit, tägliche Arbeit.

Die erste Aufgabe besteht also darin,
dass wir unsere Projektionen zurücknehmen
und das „Böse" und „Negative" in uns erkennen,
um es dann in unser Bewusstsein zu integrieren.

Willigis Jäger

Ganz einfach: Zen ist, wenn Denken aufhört

Bodo, 38, Single, Studienrat

Am Ende meines Studiums vor ungefähr zehn Jahren stand als Prüfung im Fach Politikwissenschaft das Thema „Politik und Kultur in Japan". So kam ich zum ersten Mal mit Buddhismus und Zen in Berührung, Themen, die zu Japan einfach dazugehören. Ich entschied mich, Zen selbst auszuprobieren, im Selbsttest sozusagen, und lebte zwei Wochen lang wie ein buddhistischer Mönch in meiner Wohnung in Mönchengladbach. Diesen Selbstversuch gestaltete ich nach den Vorgaben, die ich in Büchern fand. Meditation kannte ich bis dato nicht, da sie aber zum Zen dazugehörte, „saß" ich auf zusammengerollten Gartenstuhl-Kissen.

Diese Zeit genoss ich auch deshalb sehr, weil die intellektuelle Beschäftigung mit dem Buddhismus etwas Befreiendes für mich hatte. Es war auch rückblickend eine schöne Zeit, obwohl ich nicht viel mehr tat als „essen, schlafen, Buddha". Ich lernte in und aus dem Bauch zu atmen, übte, mich aufs Hara zu konzentrieren, und spürte. Mit Meditation machte ich auch nach meiner „Klausur" weiter. So übte ich vier oder fünf Jahre lang für mich allein. Ich gehörte keiner Meditationsgruppe, keinem Kloster oder Ähnlichem an.

Es gibt keinen Grund, warum ich meditiere

Doch was Zen wirklich ist, erfuhr ich erst, nachdem ich in einem Zen-Kloster ein Seminar mitmachte. Mir fehlte jede wirkliche Praxiserfahrung. Das richtige Gespür für Zen bekam ich erst in diesem Kloster. Mit Gespür meine ich: Zen ist eine Praxis, Zen ist ein Machen und Zen ist nichts, was mit Denken zu tun hat, sondern: Zen ist, wenn das Denken aufhört. Zen liegt hinter dem Denken. Das erfuhr ich dort.

Eigentlich ist Spiritualität kein Ziel für mich. Ich will auch keine sogenannten Gotteserfahrungen machen. Was ich so schön an Zen finde, ist, dass der Alltag – aufstehen, essen, arbeiten – alles ist. Und das ist Gott für mich. Ein Gott jenseits des Gottes der Kirchen, der sozusagen auf der Erde ist, die Erde ist, im Alltag ist und in den Millionen kleiner Dinge.

Meditation hat mir Angst genommen

Auf der einen Seite hat sich ganz viel verändert, auf der anderen eigentlich gar nichts. Besonders am Anfang ist mir das bewusst geworden. Bei der Prüfung für die Sekundarstufe 1 hatte ich große Prüfungsangst und beim zweiten Mal für die Sekundarstufe 2 meditierte ich vor der mündlichen Prüfung. So ging ich in diese Prüfung ohne Angst.

Mittlerweile wissen in der Schule und in meinem Umfeld alle, dass ich Zen praktiziere. Ab und zu meditiere ich auch mit meinen Schülern, mir macht das Spaß. Einmal erzählte ich ihnen, dass ich in den Ferien im Kloster war. Das fanden sie natürlich super spannend und „echt cool", waren neugierig. Es ist aber schon schwer für junge Menschen, eine Viertelstunde oder zwanzig Minuten still sitzen zu bleiben. So fünf Minuten, das bekommen sie gut hin, das macht ihnen Spaß. In den Vertretungsstunden fragen sie öfter: „Können wir nicht meditieren?" Ich wünschte, dass junge Menschen schon früh an die Meditation herangeführt würden. Ihr Leben könnte sicher sehr viel leichter, freier sein.

Zen ist für mich das, was hinter den Worten liegt. Es geht darum, hinter Kategorien, Schablonen, Denkschubladen, Wahrnehmungsschemata zu schauen und dann das Potenzial des Augenblicks zu entdecken. Das ist meine Freiheit.

Zuerst ist da die Entscheidung für sich selber,
dann die Übung,
die Meditation in das Leben lassen,
dann kann es jeder erfahren:
Das Leben ist so ein Geschenk!
Es ist so großartig,
es lohnt sich, anzuhalten und sein Herz zu spüren.

Hinnerk Syobu Polenski

Meditation verstärkt den Frieden in mir – und damit auch in der Welt

Paul, 46, verheiratet, ein Sohn, Förster

Aus der Zeitung erfuhr ich, dass Nonnen und Mönche des vietnamesischen Zen-Meisters Thich Nhat Hanh ins Bergische Land nach Waldbröl gekommen waren. Neugierig schaute ich mir ihr neues Zentrum an. Einer der Brüder, es war Thay Phap An, lud mich zu einer Tasse Tee ein. Die Menschen waren freundlich zu mir und zueinander. Einige Zeit später gründete sich dann die „Donnerstags-Gruppe Waldbröl-Sangha". Alles war improvisiert und einfach. Ich gehöre seitdem zu diesem Meditations- und Gesprächskreis, zu dem mittlerweile etwa vierzig Menschen kommen.

Ich bin kein Buddhist, aber ich ziehe sehr viel Inspiration aus den Ideen, die ich hier erfahre. Ich folgte vorher drei Jahre lang einer anderen buddhistischen Gruppe, die sehr unterschiedliche Tagungsorte im ganzen Bundesgebiet hat. Das war kompliziert. Doch in dieser Zeit übte ich intensiv „stille Meditation". In dieser Hinsicht war ich also kein Anfänger.

Ich verspürte schon längere Zeit das unbestimmte Gefühl, meinem Leben irgendwie eine Richtung geben zu müssen. Ich wollte mich nicht nur treiben lassen. Da war der Wunsch, Abstand zu gewinnen, zur Ruhe zu kommen und einen Blick auf mein Leben, meine Entwicklung zu werfen. Und da ist Meditation genau das Richtige für mich. Mir hilft die Gruppe, Abstand von dem ständigen Gedankenspiel zu bekommen. Allein zu meditieren fällt mir dagegen schwer. Ich hoffe, Stück für Stück mehr Klarheit über mein Leben und die Wirklichkeit an sich zu bekommen.

Meditation ist das Gegenteil von dem, was wir sonst tun: Zeit verschwenden

Streng genommen ist Meditation verschenkte Zeit, ja sogar Zeitverschwendung. Ich könnte etwas anderes machen in dieser Zeit. Ich tue nichts, folge nicht einmal den Gedanken. Dieses konzentrierte Nichtstun ist in unserer Gesellschaft ja eher verpönt und ungewöhnlich. Meditation ist also genau das Gegenteil von dem, was wir sonst tun. Aber nur vordergründig, denn ich verschenke einen Teil der Zeit, aber dadurch erlebe ich die übrige Zeit intensiver.

Meditation ist kein Wundermittel. Die Probleme bleiben da, aber ich sehe sie, und sie erdrücken mich nicht. Es gibt im Alltag Momente, in denen ich merke: „Ah, Ärger kommt." – Damit habe ich schon eine gewisse Distanz hergestellt. Es ist nicht so schlimm, wenn es mich umfängt und ich komplett in meinem Ärger stecke. Ich komme auf jeden Fall sehr viel schneller als früher wieder aus diesem Gefühl heraus. Es ändert sich also etwas, aber nur sehr langsam.

Mich erfreut, dass die Menschen in diesem Zentrum versuchen, ethisch gut zu leben. Die Gemeinschaft lernt noch und das motiviert mich, bei diesem Projekt mitzumachen. Ich bin von Beruf Förster, mache Waldführungen, biete Naturpädagogik an, und das wird auch gerne in Anspruch genommen. Jeder kann sich mit seinen Fähigkeiten einbringen.

Wir verbeugen uns vor unserem eigenen Erleuchtet-Sein

Gruppenzwang und Personenkult sind mir zuwider. Darum freut mich die Erklärung, dass die Buddha-Figur das „Erleuchtet-Sein" symbolisiert. Wenn wir uns im Inneren davor verneigen, verneigen wir uns nicht vor Buddha, Gott oder einem göttlichen Wesen, sondern wir verbeugen uns vor unserem eigenen „Erleuchtet-Sein". Das gefällt mir.

Meditation verstärkt den Frieden in mir, und das trage ich hinaus in die Welt. Neben Demonstrationen gegen Krieg und Atomkraft ist es sicher eine ganz wichtige Sache, im eigenen Innern zu arbeiten, in sich selbst Frieden zu schaffen. Mir hilft das.

Angst wird aus Unwissenheit geboren,
aus unseren Vorstellungen bezüglich Leben,
Tod, Sein und Nicht-Sein.
Wenn wir fähig sind, all diese Vorstellungen loszulassen,
indem wir die Wirklichkeit in uns selbst berühren,
dann werden wir auch unsere Angst loslassen können
und uns erlöst und befreit fühlen.

Thich Nhat Hanh

Das Leben ist kein Kampf, das Leben ist im Fluss

Helmut, 50, geschieden, zwei Kinder, Unternehmer

Kurz nach meinem vierzigsten Geburtstag betreute ich eine viertägige Konferenz im Rahmen eines Wirtschafts-Junioren-Treffens der Industrie- und Handelskammer mit rund 600 Leuten hier in Norddeutschland. Es gab siebzig Veranstaltungen – und eine davon hatte Zen als Thema. Diese Veranstaltung beobachtete ich so aus den Augenwinkeln, fragte mich, was ist da? Im Nachgang der Konferenz bekam ich dann von einer Großbank eine Schnupper-Zen-Sesshin als Geschenk. Und da ging ich hin, fand das für mich nicht nur sehr schön, sondern auch stimmig in meiner Situation.

Ich war damals seit dreizehn Jahren IT-Unternehmer und erfolgsverwöhnt. Es lief alles so, wie ich es mir vorstellte. Aber dann war das Ende da. Plötzlich kamen keine Kunden mehr. Die EDV-Branche dezimierte sich um fünfzig Prozent. Ich wollte zu den Überlebenden gehören. Das war wirtschaftlicher Druck auf der einen Seite. Die andere Seite war, dass ich mich um alles kümmerte, alles irgendwie selbst regelte: den Beruf, den Erfolg, den Teich und das Haus. Im Außen war zwar alles geregelt, aber ich selbst hatte mich verloren. Das war meine Erkenntnis in dem ersten Zen-Schnupperkurs. Das war für mich der Beginn meines Zen-Weges.

Sport zu treiben ist etwas ganz anderes

Ich hatte vorher nichts gemacht, was mir eine geistige Reflexion bot. Sport zu treiben ist etwas anderes, als sich zur Meditation hinzusetzen und zu schauen, was eigentlich so los ist in seinem eigenen Leben. In den ersten zwei Jahren war meine Meditation sehr fokussiert auf Entspannung, ich war chronisch überspannt und für meine 200 Mitarbeiter permanent auf der Überholspur unterwegs. Also war für mich zunächst das Wichtigste, einen Ort der Entspannung zu finden, der mir aber gleichzeitig auch Kraft gab. Entspannen kann ich auch in der Sauna, aber um angemessenes, heilsames Handeln zu entwickeln, braucht es zusätzlich noch Kraft. Das war für mich eine sehr wichtige Erkenntnis.

Ganz plötzlich merkte ich, die Energie ist wieder da

Mit der Zeit stellte ich fest, dass sich etwas bei mir veränderte, ohne dass ich das bewusst wahrnahm. Es geschah ohne mein Zutun, einfach dadurch, dass ich mich hinsetzte und alles geschehen ließ. Meine Energie kehrte zurück, nur durch das Sitzen. Das war faszinierend. Ich wusste, wenn ich esse, bekommt mein Körper neue Energie, wenn ich laufe, dann tut es zwar erst mal weh, dann habe ich Muskelkater, aber irgendwann bin ich fit. Das Faszinierende an der Meditation dagegen ist, hier sitze ich still und dann kommt die Kraft.

Es kamen viele Kindheitserinnerungen hoch in dieser Zeit. Ich sah mich als Junge auf Wiesen laufen, durch Wälder streifen. Es zeigte sich eine Naturverbundenheit, die ich längst vergessen hatte. So kam ich Stück für Stück wieder in Kontakt zu mir selbst.

Ich entwickelte eine Intensität, die für mich erstaunlich war

Ich begann zu lesen. Früher fand ich weder Zeit dafür, noch hatte ich richtige Lust. Ich wurde Super-Einkäufer bei einem Internet-Buchversand und habe mir Bücher reihenweise kommen lassen – zack hatte ich wieder zwei neue, und dann legte ich wieder nach. Jeden Morgen nach der Meditation las ich eine halbe Stunde lang. So vergingen drei, vier Jahre.

All das blieb nicht ohne Folgen. Im Büro erzählte ich dem einen oder anderen von der Meditation, hängte mein Tun aber auch nicht an die große Glocke. Aber schon nach wenigen Wochen kam das Umfeld auf mich zu und sagte: Du bist anders, was ist los? Was hat sich bei dir verändert?

Die Fische schwimmen, einfach so

Ich meditiere jetzt seit zehn Jahren. Entstanden sind Ruhe, Kraft und Gelassenheit. Da sind immer wieder tiefe, kurze, manchmal aber auch längere Momente, in denen ist Freude, Glück, so etwas wie ein „Alles-ist-gut"-Gefühl. Eine Freiheit, vergleichbar mit einem Fisch, der einfach nur in seinem Element, dem Wasser, schwimmt. Deshalb liebe ich meinen Gartenteich. Ähnlich ist es mit den Vögeln. Sie haben einfach nur Freude und Spaß daran, zu fliegen. Und nur wir Menschen machen uns immer wieder Sorgen. Und das sind so Momente, in denen mir solche Dinge bewusst werden.

In mir wächst ein tiefes Vertrauen in dieses Sich-fließen-Lassen. Weil sich daraus schöne Dinge entwickeln und diese Haltung zu immer stimmigeren Ergebnissen für mich führt, als wenn ich mich ständig in mein Leben einmische. Ich kultiviere die volle Bereitschaft in mir, das anzunehmen, was da kommt. Zen ist für mich, mein Leben zu leben.

Die Wirklichkeit,
die wir für wirklich halten,
ist nicht die Wirklichkeit.
Die wirkliche Wirklichkeit
erschließt sich uns erst dann,
wenn wir unser alltägliches Ich-Bewusstsein verlassen
und in eine höhere Bewusstsein-Sphäre eintreten.

Willigis Jäger

Ich kann Freundschaft mit mir selbst schließen

Christina, 46, geschieden, Sprachtherapeutin

Ich meditiere seit zwei Jahren. Damals steckte ich in einer echten Lebenskrise. Ich war sehr unglücklich mit meiner beruflichen Situation und hatte das Gefühl, dass ich jetzt mal etwas ganz Außergewöhnliches machen muss, etwas, das vielleicht mein Leben verändert. Und dann meldete ich mich waghalsig für eine ganze Woche zu einem Zen-Sesshin an, ohne jemals vorher auch nur einmal meditiert zu haben. Das war der Anfang, und der war für mich so faszinierend, dass ich seitdem dabeigeblieben bin. Und ich kann sagen, es hat sich sehr viel in meinem Leben verändert.

Ich war ein richtiger Workaholic, ständig auf der Suche nach neuer Tätigkeit. Und als ich dann in diesem Sesshin saß, und nichts tun konnte, hatte ich das Gefühl, dass ich wirklich da war, ganz ich selbst – ohne Maske, ohne das Gefühl, mich verstellen zu müssen. Da war nämlich das Gefühl, immer mit dieser Maske durch das Leben gegangen zu sein.

Als ich ein Kind war, passierte es oft, dass mich Leute auf der Straße ansprachen und sagten: „So ein hübsches Mädchen, aber du guckst so ernst, lach doch mal." Und dann habe ich irgendwie angefangen, mir so ein lächelndes Gesicht anzugewöhnen, damit mich niemand mehr so ansprach, das fand ich nämlich sehr unangenehm. Und als ich dann da im Zendo in dem Seminarhaus in Norddeutschland saß, hatte ich das Gefühl, ich kann jetzt gucken, wie ich will, ganz ernst oder nicht ernst, völlig wurscht, egal wie, das ist gut so. Alles konnte so sein, wie es war.

Anfangs war es für mich sehr anstrengend, lange still zu sitzen, aber auch interessant. Zunächst war mir alles ein bisschen suspekt, auch die anderen Teilnehmer, die schon länger dabei waren. Es war fremd und sehr exotisch. Ich hab mir also gesagt: „Du musst ja nicht bis zum Ende dableiben, du kannst jeden Tag fahren, aber probiere noch mal einen Tag länger." Und so ging das dann immer weiter. Und irgendwann war für mich klar, dass ich bis zum Ende bleiben würde.

Der Zen-Lehrer sagte: „Du erlaubst dir nicht, einfach glücklich zu sein"

Exotisch fand ich nicht nur die japanischen Rituale und Ausdrücke, auch die dunkle Kleidung und vor allem den Zen-Lehrer, der wie ein Priester gekleidet in das Zendo kam. Und dann habe ich auch das Vier-Augen-Gespräch mit ihm mitgemacht, das Dokusan. Da hat Hinnerk mich gefragt, ob es sein könne, dass ich mir nicht erlauben würde, glücklich zu sein. Ich denke noch heute daran, und kann sagen, dass er ins Schwarze getroffen hat. Wahrscheinlich sagt er das vielen Leuten, weil es ja auf viele zutrifft, aber auf mich hat es auf jeden Fall auch zugetroffen. Das war und ist etwas, das mir immer wieder durch den Sinn geht: dieses Sich-Erlauben, ganz einfach glücklich zu sein. Das ist für mich sehr schwer.

Seitdem meditiere ich täglich 25 Minuten, manchmal auch mehrmals am Tag. Das ist mir ein Bedürfnis. Mein Mann tolerierte das, fand meine neue Leidenschaft letztendlich aber sehr befremdlich. Es machte ihm sicher auch irgendwie Angst, dass da etwas passierte mit mir, was sich seiner Kontrolle so gänzlich entzog, was er gar nicht mehr einsortieren konnte. Und für mich war es ein Bedürfnis, mich mit ihm darüber auszutauschen, was ich da erlebt hatte, doch das war gar nicht möglich. Das war für mich eine sehr große Enttäuschung.

Ich erinnere mich noch an den Abend, an dem ich zurückkam von diesem Sesshin. Da saßen wir bei uns im Wohnzimmer im Strandkorb. Ich war noch ganz erfüllt von einem Erlebnis und wollte ihm das gerne erzählen: In Malente während des Sesshins in einer Pause ging ich in der Natur spazieren, stand im Wald, und dann schaute ich mich um und hatte plötzlich das Gefühl, dass ich nicht mehr in ein Bild reingucke und außen stehe, sondern dass ich wirklich dazugehöre, im Bild selbst bin. Und das war ein ganz tolles Gefühl. Es war das Gefühl, verbunden mit allem zu sein, ich spürte, eins zu sein. Für mich war das ein einschneidendes Erlebnis, das ich meinem Mann an diesem Abend meiner Rückkehr erzählen wollte, aber er hat es überhaupt nicht verstanden. Mein Bericht erschien ihm wohl aufgesetzt und künstlich, und da bemerkte ich auf einmal eine sehr große Distanz. Ich wusste, dass das eine Erfahrung war, die er mit mir gar nicht teilen konnte und auch nicht wollte. Mittlerweile sind wir geschieden.

Das Gefühl des Eins-Seins kann ich nicht provozieren

Auch heute ist das manchmal so, besonders, wenn ich in der Natur bin, dass ich dieses Eins-Sein spüre. Ich kann nicht sagen: „Ich geh jetzt raus und übe Geh-Meditation – wie sie später bei einer Gruppe von Thich Nhat Hanh gelernt habe – dann wird das schon kommen." Manchmal ist es da und manchmal nicht. Wenn ich dieses Gefühl aber habe, dann fühle ich mich getröstet und nicht alleine.

Irgendwann aber verließ ich das klassische, japanische Zen. Es wirkte auf mich hart, streng und düster. Ich nahm teil an einem Retreat „Achtsamkeit für Lehrerinnen". Und da fand ich dann noch ganz andere Aspekte, die mich faszinierten. In diesem Seminar wurde die Freude sehr betont. Eine Freude, die entsteht, wenn man die Schönheit in den Dingen sieht.

Das Leben ist eine Reise

Ich habe kein Ziel, stelle mir vor, dass das Leben eine Reise ist, und versuche, offen zu sein für die Erfahrungen, die kommen, um mich weiterzuentwickeln. Das ist für mich Ziel genug. Ziel würde ja auch bedeuten, dass man irgendwo ankommt, und das kann ich mir nicht vorstellen. Mir reicht es, Freundschaft mit mir selbst zu schließen und zu akzeptieren, was in dem Moment da ist – sei es Traurigkeit oder Freude. Ich kann mehr und mehr vieles so sein lassen, wie es ist.

Euer Herz öffnet sich.
Langsam verändert sich etwas
und euer Weg wird ein heilsamer,
schöner, heller, lichter
mitten in dieser Welt.

Hinnerk Syobu Polenski

Ich erkenne mein destruktives Verhalten
Rolf, 33, Single, Jurist

Vor mehr als zwanzig Jahren kaufte ich mir das erste Meditations-Buch, angeregt durch meinen damaligen Musiklehrer, der mir etwas über Buddhismus erzählte. Das Thema interessierte mich, ich las viel. Doch erst seit ungefähr fünf Jahren meditiere ich regelmäßig auf dem Kissen sitzend. Laufen, Sporttreiben ist für mich auch wie Meditation. Ich versuche dann nicht zu denken, spüre meinen Körper, fühle mich frei und lebendig. So ist es auch, wenn ich Musik spiele. Sobald ich für mich alleine am Klavier sitze, verändert sich die Welt. Ich wälze dann keine Probleme, grüble nicht über irgendwelche Bemerkungen von anderen nach und höre auf, Gespräche mit mir selbst zu führen.

Ich habe eine Sehnsucht nach dem Perfekten, dem Genialen. Und da ich schon so lange Klavier spiele, bin ich wirklich gut. Es ist wie eine Schatztruhe, die ich öffne, wenn ich am Klavier sitze und spiele. Die Tasten sind dann der Schlüssel. Ich „wachse", „gehe" über die Enge des Alltags hinaus. Es öffnet sich ein Raum für Ideen und Phantasien, wie ich ihn im normalen Leben so nie habe. Ganz ähnlich ist es oft auch, wenn ich meditiere.

Dann ist das Meditationskissen meine „Insel". Ich bin frei von Zwängen, bin weder einem Leistungsdruck noch Erwartungen ausgesetzt, sondern ich kann einfach so sein, wie ich bin.

Oft stelle ich mir die Frage, warum kann ich nicht auch in meinem Alltagsleben so sein, wie ich bin? Es quält mich oft, aber ich werde bewusster. Und ganz langsam, ganz, ganz langsam, noch selten, bin ich an der einen oder anderen Stelle auch im Alltag so, wie ich wirklich bin, tue das, was ich wirklich will. Da ist dann nicht mehr wichtig, was mir meine Mutter sagte, wie die anderen reagieren oder was sie von mir denken.

Manchmal, ganz kurz, bin ich, wie ich bin – und dann bin ich glücklich. Ich freue mich, dann mein Leben für einen Moment so zu gestalten, wie es mir entspricht.

Ich möchte die Dinge gerne öfter positiv sehen

Ich war und bin oft destruktiv. Mir fehlt dann das Lebensbejahende, die Zuversicht. Ich möchte die Dinge viel häufiger positiv gestalten. Durch die Meditation habe ich das Gefühl, genau diesen Gestaltungsspielraum zu bekommen. Was genau passiert, weiß ich nicht.

Da ich alleine meditiere, bin ich sicher, nicht manipuliert zu werden. Das möchte ich nämlich auf keinen Fall, deshalb habe ich auch keinen Lehrer, obwohl ich mir manchmal jemanden wünsche, der mir hilft, mich unterstützt.

Im Sitzen beobachte ich, lerne und erfahre, dass die Dinge kommen und gehen. Ich nehme die Dinge nicht so ernst. Das befreit mich schon – auch und besonders im Alltag.

Jetzt praktiziere ich Zen in einer kleinen Gruppe, habe keinen Lehrer, aber fühle mich wohler, obwohl ich manchmal doch gerne mal jemanden fragen würde, der den Weg schon weiter gegangen ist als ich.

Manchmal brauche ich einen Lehrer, ich will mich aber nicht binden

Ich habe da so eine „Meister"-Phobie. Ich habe Angst, mich zu verlieren, abhängig zu werden. Das war schon früher so, in meinem Elternhaus und auch in der Schule. Ich wollte mich nie zu sehr an jemanden binden, vertrauen. Ich hatte und habe Angst, die Kontrolle über mich und mein Leben zu verlieren, enttäuscht zu werden. Ich würde nie einem Lehrer hinterherlaufen. Deshalb versuche ich, mich auf meinen inneren Kompass zu verlassen.

Ich will keine Erleuchtung, kein Erwachen oder so was. Ich will bewusster leben, friedlicher sein und mein kreatives Potenzial weiterentwickeln. Ja, das ist es, was ich wirklich will.

Die Welle muss nicht nach dem Wasser suchen,
weil Wasser ihre eigentliche Natur ist.
Wenn wir unser Leben auf eine tiefe Weise leben,
werden wir unsere wahre Natur berühren können,
die Welt der Geburt- und Todlosigkeit.
All unsere Angst wird ein Ende nehmen,
weil wir ein unmittelbares Wissen
unserer wahren Natur erreicht haben.

Tich Nhat Hanh

Zen ist ein Weg, der mir einfach guttut

Horst, 43 Jahre, verheiratet, Manager

„Herz" war das, was fehlte – die ganze Zeit! Das war klar schon am ersten Zen-Wochenende: „Herz" war für mich gar keine Dimension im Job, in der Rechtsabteilung, im Prozessmanagement, in der Organisation. Freundlichkeit ja, Umgangsformen und mit dem Team auch mal einen Saufen gehen, alles das war da, aber mein „Herz", das fehlte, das war mir vorher nicht so klar.

Herz ist für mich zunächst einmal Empathie. Das war für mich immer schon so. Aber heute ist mir auch klar, wenn ich mich mit Mitarbeitern, Kollegen, mit Kunden beschäftige, dann ist es nötig, ganz aufnahmefähig zu sein. Das heißt wirklich zuhören, wirklich bei diesem Menschen mir gegenüber sein. Das ist eine große Qualität, die sich entwickelt. Ich lerne, frei und offen zu sein, sodass ich wirklich zuhören kann und nicht mehr nur automatisch das Gesagte verbinde, um Negatives oder Probleme zu suchen.

Ich bin ein Problem-Trüffelschwein. Das ist meine Schwäche. Ich sehe in allem zunächst die Probleme. Nicht unbedingt nur negativ, eher analytisch. Ich gehe die Themen vonseiten der Probleme an und sage, was nicht gut läuft, wo Baustellen sind. Meine Aufgabe ist, die Probleme zu lösen. Wo das hinführt, kann man sich ja vorstellen. Es gibt Unmengen von Problemen jeden Tag und man verliert dann irgendwann mal den Schwung.

Es ist schwer, sich jeden Tag neu zu motivieren, jeden Tag den Berg von Müll zu entsorgen. Doch die Öffnung, sich frei zu machen im Kopf für den anderen, setzt natürlich voraus, dass ich auch frei bin für mich selbst und diese Erkenntnis. Und das führt dazu, dass ich mir jeden Tag etwas Gutes tue. Diese Einsicht aus dem Zen ist für mich so überzeugend, dass ich die nötige Konsequenz daraus, regelmäßig zu sitzen, die Permanenz der täglichen Übung, gerne ziehe. Das ist für mich die größte Qualität von Zen.

Ich sitze täglich, morgens 45 Minuten. Dann brauche ich 15 Minuten, um wieder „anzukommen". Das, was du tust, ist Erfüllung und nicht nur eine Worthülse. Du lebst. Du fragst nicht, ob das der richtige Weg ist. Du lebst ihn.

Zen ist für mich ein Weg, der mir einfach guttut. Z. B. nutze ich Zazen als „Entscheidungshilfe". Ich nehme Dinge, die ich noch entscheiden muss, mit in diesen „Raum", in die Meditation, und irgendwann kommt das Ergebnis. Auch löse ich so manche Konflikte, die mir nicht guttun – z. B. mit Geschäftspartnern. Mitunter dauert dieser Prozess in mir ein paar Tage. Ich kann das ja nicht berechnen. Aber es hilft mir, meinen Job auszufüllen, mich selbst nicht zu vergessen und auch für meine Frau ein genießbarer Mensch zu sein. Das bedeutet für mich: mit dem Leben umzugehen. Die schönen Momente nicht auszusparen. Das Frühstück zu genießen, die Zeitung in Ruhe zu lesen. Die Qualitäten, die nichts kosten, auch zu nutzen.

Man kann niemanden von der Wirklichkeit
des Geistes überzeugen,
man kann nicht für sie argumentieren.
Die Tür muss gleichsam von innen aufgehen.

Willigis Jäger

Übung: Achtsamkeit und Konzentration
Von Thich Nhat Hanh

Die Übung des achtsamen Atmens

Der Buddha hat Übungen des achtsamen Atmens entwickelt, die uns zu Achtsamkeit, Konzentration und tiefen Einsichten führen. Sie helfen uns, zu uns zurückzukehren, uns in der Gegenwart, im Hier und Jetzt mehr zu verankern.

1. *Einatmend weiß ich, dass ich einatme,*
   ausatmend weiß ich, dass ich ausatme.

Ich identifiziere meine Atmung als das, was sie ist.

2. *Einatmend folge ich meiner Einatmung vom Anfang bis zum Ende.*
   Ausatmend folge ich meiner Ausatmung vom Anfang bis zum Ende.

Normalerweise atmen wir unbewusst – automatisch. Doch unser Geist, unser Bewusstsein, sollte daran beteiligt sein. Dann können wir das Atmen genießen, es kann zu einer großen Freude für uns werden, ein- und auszuatmen. Wir vergessen Vergangenheit und Zukunft, wissen, dass wir lebendig sind. Wir funktionieren dann nicht mehr wie eine Maschine, sondern wir leben unser Leben.

Bewusst atmend stabilisieren wir unseren Geist. Wir kehren zurück ins Hier und Jetzt und können unser Leben tiefer, erfüllter erfahren.

3. *Einatmend bin ich mir meines ganzen Körpers bewusst,*
   ausatmend weiß ich, dass mein Körper da ist.

So erkennen wir Stress, Schmerz und Spannung in unserem Körper.

4. *Einatmend werde ich mir der Spannung in meinem Körper bewusst.*
   Ausatmend lasse ich die Spannung in meinem Körper los.

Indem wir mit unserem Geist zum Körper zurückkehren, den Geist wieder mit dem Körper verbinden, ist es, als kehrten wir nach Hause zurück. Dann lassen wir ganz bewusst los. Loslassen ist eine der wichtigsten Übungen.

Das sind die ersten vier Übungen des achtsamen Atmens, die der Buddha entwickelt hat.

II.

Erfahrungen und Nicht-Erfahrungen

Der Zen-Weg führt über hohe Berge und durch tiefe Täler

Von Hinnerk Syobu Polenski

Der Zen-Weg oder richtiger: mein spiritueller Weg begann ohne eine bewusste Entscheidung. Schaue ich heute aus der „Adler-Perspektive" zurück auf mein Leben, dann sehe ich eine schnurgrade Linie.

Mit sechs Jahren machte ich eine tiefe, spirituelle Erfahrung. Ich spielte auf einem unbefahrenen sandigen Weg mit meiner Schwester. Da hatte ich plötzlich eine Vision von etwas anderem, ein tiefes Gefühl von „Zu-Hause-Sein und gleichzeitig hell und unendlich weit". Eine Erfahrung, die mir eine Gewissheit schenkte, ohne damals genau zu wissen, wovon. Das hat mich tief berührt und war der erste Meilenstein auf meinem Weg.

Dann begannen die Probleme. Da war auf der einen Seite eine Gewissheit, tief eingegraben in mir, unauslöschlich, aber die war auf der anderen Seite auch verwirrend, unerklärlich vom Verstand und fand kein Verständnis in der Welt der Erwachsenen. Und diese Mischung ist ein Pulverfass. Immer wieder kam es zum Streit, zu Auseinandersetzungen. Ich fühlte mich nicht verstanden, verstand aber auch die anderen nicht. Ich entwickelte eine Haltung, die meine Familie und Umgebung als anstrengend oder nicht passend empfand. Irgendwann war ich gegen die Gesellschaft, gegen die Schule, gegen einfach alles, was im Außen war. Gleichzeitig aber war ich berührt von der unfassbaren, offenen Weite.

Mit dreizehn Jahren las ich dann erstmals etwas über die „große Befreiung", über spirituelles Erwachen, lernte Inhalte kennen, die mir zeigten, es gibt da etwas anderes in der Welt, etwas, das durchaus zu meiner Erfahrung passte. Dadurch bestätigte sich meine innere Gewissheit auch im Außen. In mir war eine sehr tiefe Sehnsucht nach Frieden, Liebe, nach Zu-Hause-Sein einerseits, andererseits aber auch rebellische Ablehnung des Alltäglichen und viel chaotischer Kämpfergeist.

Mit siebzehn Jahren traf ich unabhängig voneinander einen Yoga-Lehrer und einen Zen-Trainer und machte erste Übungen. Doch das Unverständnis, die Isolation, die Aggression aus meiner Kindheit hatten schon großen Schaden angerichtet. Ich ging keiner Auseinandersetzung aus dem Weg, immer in dem Bewusstsein, für eine gerechte Sache zu kämpfen.

Das änderte sich an dem Tag, als ich gebeten wurde, einer Gruppe Krankenschwestern Selbstverteidigung beizubringen. Das körperliche Ungleichgewicht zwischen mir und den Frauen war groß. Als sie da so vor mir saßen und ich mir vorstellte, mit ihnen Kampfmethoden zu üben, da wurde mir plötzlich klar, ICH musste mich ändern. Nicht die Welt musste lernen, zu kämpfen, ich musste aufhören, sonst geht mein Leben daneben. Das war der nächste Meilenstein auf meinem Weg.

Heute kann ich sagen, dass ich ein glücklicher Mensch bin. Was nicht heißt, dass in meinem Leben alles rund läuft. Aber die großen Ausschläge nach oben wie nach unten sind durch die Zen-Praxis geglättet, das ist ein riesiger Fortschritt. Ich weiß auch, dass ich kein Exot oder Einzelfall war bzw. bin – besonders heute nicht. Viele Menschen, immer mehr junge Menschen, erleben spirituelle Erfahrungen, die sie nicht einordnen, nicht integrieren können.

Viele von ihnen brauchen Hilfe. Hilfe vielleicht, wie ich sie bekommen habe, durch Zen. Zen ist für mich der Weg zum Wesentlichen. Es ist das Öffnen des eigenen Wegs. Es ist der Weg zum wahren Menschen.

Zen ist Anhalten und Still-Werden

Kinder haben es einfach, sie sind unbefangen, total lebendig. Sie machen sich keine Gedanken, sind unbeschwert, fahren Rad, klettern auf Bäume, genießen das Leben. Doch dann, wenn die Kinder wachsen, erwachsen werden, kommen immer mehr Pflichten, Aufgaben, Regeln und Bestimmungen hinzu. Bis sie dann überzeugt sind: „Ich bin so und so und will es bleiben." „Ich bin der und der, ich muss jetzt gut aussehen, will hier keinen Quatsch reden" und so weiter. Die meisten Menschen lernen, eine äußere Form zu kultivieren, z. B. gut auszusehen, Anerkennung zu bekommen und „recht zu haben", und verteilen häufig den Rest ihrer Energie auf Selbstzweifel oder Schuldzuweisungen. Das ist unheilsam und unglaublich anstrengend.

Der Mensch wird auf seinem Weg zum Erwachsensein von vielen äußeren Dingen beeinflusst, erlebt Anforderungen und Ansprüche, denen er gerecht werden soll und will. So entstehen Müssen, Sollen, Haben. So entstehen Bilder, Erfahrungen von mir und meiner Welt. Diese vielen Bilder und Mosaiksteine in meinem Kopf verbinden sich mit tiefen Gefühlserinnerungen in meinem Körper, in meinem Leib. Unterstützt wird diese „Erinnerung" durch immer wieder neu auftauchende Erfahrungsbilder und Muster aus alter oder jüngster Vergangenheit.

Der Kopf, der Verstand bemerkt keinen Unterschied zwischen innerer Vorstellung und aktuell erfahrener Wirklichkeit. Der Kopf registriert die vermeintliche Wirklichkeit als das, was er aufgrund seines Erlebens sehen muss, mitunter auch als das, was er deshalb sehen will. Das bedeutet: Das „Sehen" im Moment und das „Gesehene" in der Vergangenheit lösen den gleichen neuronalen Informationsimpuls in unserem Gehirn aus.

So entsteht aus jedem der kleinen gefühlten Erinnerungsbilder ein Gebilde um uns herum, welches unser „wahres Wesen" ersetzt. Das Staunen und die freie Weite des Kindseins, unsere Unschuld wird mehr und mehr verdeckt, und irgendwann einmal kommt der Satz: „Ich bin ich und will es bleiben. Guten Tag, ich bin Herr Soundso, ich bin dies und das." Die Welt wird starr und fest.

In dem Maße, in dem wir an diesen Bildern festhalten, ahnen wir auch deren Illusion, deren Vergänglichkeit. Das ist die Vergänglichkeit jeder starren Form, die Vergänglichkeit von allem Gegenständlichen, von allem Vorgestellten, von jeder festgehaltenen Persönlichkeit. Eine Vergänglichkeit, die im Kleinen – „Oh, jetzt habe ich ja schon wieder Geburtstag wie die Zeit vergeht" –, aber auch im Großen – „Mir bricht mein Herz, meine Liebe hat mich verlassen" – uns ständig umgibt.

Nur der „wahre Mensch" ist vollkommen frei

Meine Alltagswelt sind also meine Gedanken und Gefühle, auf der einen Seite die Erwartung von Befriedigung, das Streben nach Erhalt von Bekanntem, und die Wirklichkeit der Welt auf der anderen Seite. So ist der Mensch nicht mehr Mensch, frei und mit dem Herzen verbunden in der großen Natur, sondern „darstellende Person" mit Rang und Namen, verstrickt in sichtbaren oder unsichtbaren Zwängen.

Für Meister Rinzai, den Begründer der Rinzai-Zen-Linie, steht „der wahre Mensch ohne Rang und Namen" im Mittelpunkt. Denn nur dieser „wahre Mensch" ist vollkommen frei.

Manchmal ahnt der Mensch, dass da noch ein „wahrer Kern" in ihm ist. Bei einigen Menschen wird irgendwann aus dieser Ahnung die leise Erkenntnis, dieses „Ich" ist nicht wirklich. Solche Ahnungen, Erkenntnisse entstehen oft in und aus Krisen heraus: Existenzkrisen, Partnerprobleme, Unfälle, Katastrophen, Krankheiten, Tod und so weiter. Der Mensch merkt, wie schwer es ist, sich selbst zu finden, überhaupt zu erkennen, zu sehen, zu fühlen, wer er selbst wirklich ist. Und dieser Weg zu sich selbst, das ist Zen. Zen ist Anhalten.

Ich spüre in mir Gier oder will jetzt unbedingt gut aussehen, oder ich fühle eine tiefe Traurigkeit in mir. Jetzt muss ich was machen. Ich gehe in die Welt hinaus, mache Karriere, ich flirte, besuche ein Seminar nach dem anderen, mache dies und das, bin die ganze Zeit in Bewegung. Im Zen „passiert" dann erst einmal das Gegenteil: einfach anhalten, nichts tun, kein Aktionismus, kein Nach-außen-Gehen, nichts, still bleiben. Da gibt es einen Ruck, da spürt der Mensch sich selbst oft zum ersten Mal. „Mann, das bin ich auch" ist eine Erkenntnis. Ich laufe nicht mehr weg, und nach einer gewissen Zeit der Übung lösen sich die Wolken auf, dann ist da nur noch blauer Himmel. Die erste kleine Zen-Erfahrung.

Später lerne ich dann den nächsten Schritt, aus dieser Klarheit, dieser Kraft, dieser Herzweite heraus zu handeln.

Diesen Moment der Ruhe, des Innehaltens zu kultivieren ist einfach: Ich stehe morgens auf, und statt dass der Radiowecker mich anplärrt und mir irgendwelche Schnäppchen ins Ohr donnert, setze ich mich direkt auf ein Kissen oder Bänkchen. Das ist dann mein geschützter Raum von 90 mal 90 Zentimetern – das ist die Größe einer normalen Meditationsmatte. Da gibt es noch keine Kinder, keinen Ehemann, keine Oma, kein Handy, keine E-Mails, nichts von alledem. Wir wachen alle morgens unschuldig auf wie Babys. Um diese Unschuld noch ein paar Minuten in den Tag mitzunehmen, dafür sind diese Zeit und dieser Raum da. Dann beginne ich den Tag ganz anders. Ich schaue kleine Dinge mit großen Augen an, und große Dinge sind auf einmal gar nicht mehr so groß und bedrohlich.

Der Anfänger geht diesen Weg – der „wahre Mensch" IST dieser Weg

Zuerst ist das Gewahrwerden von Unfreiheit und Verstrickung der Weg, der Schritt für Schritt in die Freiheit führt. Und wenn wir mit der Zen-Übung, mit der Meditation, die wir Zazen nennen, beginnen, sitzen wir zunächst „nur" in dieser Übung.

In dem geschützten Raum von Stille, Kraft und Disziplin üben wir jeden Morgen. Morgen für Morgen beobachten wir, was passiert, wenn wir zu Ruhe kommen. Was bleibt da übrig? Wer bin ich? Wer bin ich, wenn dieser Wahnsinn anhält? Wer bin ich, wenn meine Welt Frieden findet?

Wir öffnen uns weit, öffnen uns für eine Kraft und eine Stille, die tief in uns ist. Darum spreche ich von „Sitzen in Kraft und Stille". Wir stoppen in einer immer schneller werdenden Welt. Bei dem einen dauert es nur eine Sekunde, bis er merkt, wie gut ihm diese Stille, dieses Anhalten tut. Bei anderen dauert es etwas länger, bis sie die Kraft, die in der Stille ruht, entdecken. Ebenso unterschiedlich, individuell ist die Dauer oder Länge des Weges. Wenn man Glück hat und begnadet ist, dann dauert dieser Weg, solange der Mensch lebt, denn so lange spürt er, dass er mehr und mehr eins wird mit allem.

Der Anfänger geht diesen Weg, der „wahre Mensch" IST dieser Weg.

Das Leben geht nicht von A nach B und B ist dann das Ende. Nein! Das Leben geht weiter. Unabhängig davon, was ich denke, unabhängig davon, was ich mir vorstelle, unabhängig von meinem Tod, unabhängig von allem.

„Jeder Moment ist Ewigkeit und Ewigkeit ist jeder Moment", sagt Daisetz Suzuki, einer der besten Kenner des Zen-Buddhismus in Japan. Das ist der Weg – und wir können uns heute entscheiden.

Die Zen-Meditation ist die Konsequenz aus dieser Entscheidung.

Sehnsucht ist ein Schlüssel zum Zen

Neben dem ersten Ahnen und Erkennen durch Krisen gibt es auch die Annäherung an Zen über die Sehnsucht. Das ist ein Zugang, ein Schlüssel, den ich selbst erlebt habe. Kinder haben noch einen besonderen Draht zu sich selbst. Ein sechsjähriger Junge sagte z. B. einmal im Rahmen einer Studie über Kinderhumor: „Man kann nie wieder etwas verlieren, wenn man weiß, wo irgendwo ist." „Irgendwo" ist „hier und jetzt", das war ganz klar.

Kinder haben eine noch natürliche Beziehung zu den Dingen. Doch dann sind sie älter, die unbefangene und reine Sicht auf die Dinge verwischt. Ein Beispiel: Da ist ein junger Mensch so vierzehn oder fünfzehn Jahre alt und denkt: „Was die Lehrer da so erzählen, das ist doch alles Scheiße." Dieser junge Mensch weiß aber nicht, was es noch anderes, welche Alternativen es gibt, die keine „Scheiße" sind. Die Menschen fragen, bin ich falsch? Sind die anderen falsch? Gerade jüngere Leute spüren eine Sehnsucht, erfahren sofort auch Widerstand. Das Ergebnis ist häufig Rebellion gegen den „schönen Schein", die Gesellschaft, gegen alles. Im Poetry Slam, einer Mischung aus Gedichtlesung und Hip-Hop, findet sich diese Kraft z. B. geballt, ebenso wie in der modernen Musik. Immer ist da die Botschaft: „Ich weiß nicht, was ich will, aber ich weiß, was ich nicht will."

Und dann, das ist ein dritter Zugang, gibt es noch die Menschen, die nicht nur ahnen, sehnen und leiden, sondern physisch oder psychisch krank werden. Sie, ihr Inneres, drohen zu ersticken an dem, was um sie herum Welt geworden ist. Das ist auch Leiden, das zum Weg führen kann. Diese Menschen erleben die Welt mehr und mehr als Widerspruch zu ihrem tiefen Gefühl. Sie leiden z. B. auf psychosomatischer Ebene. Das heißt: Die Seele, das Herz, hat keinen Raum mehr. Auch diese Menschen kommen zum Zen. Dann nach einiger Zeit beginnen sie zu fragen: Wer ist krank, wer leidet? Wer bin ich? Das ist die zentrale Frage im Zen. Diese Menschen kommen nicht wegen ihrer eigentlichen Krankheit zum Zen, sondern sie kommen wegen der Ursachen. Für die Heilung sind Ärzte und Psychologen zuständig, für die Auflösung der Ursachen kann der Zen-Weg richtig sein.

Im Zen geht es um Selbsterfahrung. Was ist dieses Selbst? Und wer arbeitet mit wem? Sicher gibt es viele Menschen, die erst einmal erfahren müssen: Wer bin ich als Person für mich und in meiner Welt? Im Zen aber geht es im Kern um Nicht-Erfahrung von Ich und Selbst. Wer bin ich, wenn ich kein unruhiges Denken erfahre? Wer bin ich ohne die unheilsamen Emotionen?

Wer bin ich? Hier beginnt der Weg.

Folgende drei Aspekte sollte jeder Meditierende, jeder Anfänger beachten: Zen ist kein Therapie-Ersatz. Der „äußere Lehrer" ist der Weg zum „Meister in uns selbst" und Erdung ist die Basis jeder Übung.

Zen ist keine Therapie bei psychischen Erkrankungen

Wichtig ist zu erkennen, dass Zen grundsätzlich keine Therapie ersetzt. Ausnahmen sind Erkrankungen, die durch die Blockade der eigenen Spiritualität ausgelöst werden. Zen kann auch in Fällen von Depression helfen, und zwar dann, wenn die Krankheit durch eine Sinnkrise ausgelöst wurde.

Grundsätzlich ist der Weg zu sich selbst in jedem angelegt. Aber es kann aus verschiedenen Gründen Hindernisse geben. Die führen dann dazu, dass der Zen-Weg zunächst noch nicht der richtige ist und durch einen anderen Weg ergänzt werden muss. Denn um den Zen-Weg zu beginnen, muss Mann oder Frau schon eine „ganze Person" sein. Nur wer ein Ich hat, kann es auch loslassen zugunsten einer das Ich übersteigenden Dimension. Ist die Person unvollständig, verletzt, traumatisiert, dann ist der erste Schritt, diese „Wunden" zu heilen. Dieses Heilen geschieht z. B. im Daishin-Zen durch den „Weg des Herzens". Bei schweren Problemen bedarf es dazu ergänzend oder vorausgehend einer Therapie. Da sind dann Psychologen mit modernen Therapien wie der „Technik der Emotionalen Freiheit", englisch: „Emotional Freedom Techniques" EFT, der Trauma-Arbeit, der Leib- oder Gestalttherapie gefordert.

Viele Menschen stecken in einer großen Sinnkrise gepaart mit dem zu diesem Zeitpunkt oft noch unbekannten Wunsch nach der „Großen Befreiung" – in diesem Fall ist Zen ein Weg, der sie weiterführen kann.

Der „Lehrer im Außen" führt zum „Meister im Inneren"

Der zweite wichtige Punkt, den Zen-Meditierende beachten sollten, ist „I-Shin, Den-Shin" – „von Herz zu Herz" oder „von Herzgeist zu Herzgeist". Damit ist die Übertragung des Dharma vom Lehrer auf den Schüler gemeint. Das ist eine intuitive, tiefe Einsicht, ein tiefes Verstehen, letztlich ein Impuls des Aufwachens. Dazu sind zwei nötig: ein Meister und ein Schüler. Diese tiefe wunderbare Verbindung existiert seit Beginn dieser Linie, initiiert durch den ersten Zen-Meister Shakiamuni Buddha. Erst wenn diese „Übertragung" stattgefunden hat, erkenne ich, dass dazu kein Meister, kein Schüler, kein Buddha notwendig war, und ebenso, dass gar nichts übertragen wurde.

Viele glauben, diesen Weg alleine gehen zu können. Ja: Das wahre Selbst IST der endgültige Meister. Ja: Es gibt eine Freiheit, die in jedem ist. Doch: Das ist nur eine Seite der Medaille. Zunächst muss der Mensch seine wahre Natur entwickeln und sich aus seinen Verstrickungen lösen, dann erst kann und wird er seinem „endgültigen eigenen Meister", dem wahren Menschen, der er ist, war und immer sein wird, folgen.

Aber zunächst hilft der Lehrer dem Menschen, der sich zwanghaft und leidvoll noch von der Wirklichkeit trennt und von seinem Wesen separiert. Er reicht dem die Hand, dessen Gedanken-Gefühlszwang sich dieser inneren Freiheit, dem wahren Selbst, ohne es zu wollen, immer wieder aktiv verschließt. Auf der anderen Seite spürt dieser Mensch aber auch diese Freiheit, diese Ahnung, das wahre Selbst, das mehr und mehr ans Licht drängt. In diesem Zwiespalt hilft der Lehrer, der Meister im Außen, diesem Menschen, das Eine in seiner eigenen Natur zu finden.

Die Schwierigkeit für den Schüler liegt darin, zu erkennen: Am Anfang ist ein Baum ein Baum und ein See ein See, dann ist ein See ein Baum und ein Baum ein See. Und am Ende ist ein Baum ein Baum und ein See ein See. Die mittlere Phase des Weges, wo ein Baum kein Baum mehr ist, diese Phase des Weges ist oft begleitet von tiefen Erfahrungen, viel offener Freude und Herzweite. Diese Phase kann aber auch von großem Zweifel und Grenzerfahrungen geprägt sein.

Das sind z.B. bewegende Erfahrungen wie „Einheitserfahrungen" oder wie die Erfahrung von „Raum- und Bewusstseinsunendlichkeit". Solche Erfahrungen öffnen sich z.B. durch ein intensives, Tage andauerndes Samadhi-Training, wie die „Übung der Selbstversenkung" genannt wird. Ebenso kann nachhaltige Glückseligkeit entstehen, oder es kommt während tiefer Meditation zu Grenzerfahrungen, Makyos genannt, die sich in Form von sehr realen Bildern und Erscheinungen ausdrücken und bedeutsam und irritierend wirken können, in ihrem Inhalt aber völlig bedeutungslos sind.

Alles kann zum Hindernis werden, ja sogar den Weg zum Stillstand bringen, wenn unser innerer Widersacher, „Mara", wie Thich Nhat Hanh ihn schon beschrieben hat, dieses benutzt, um sich und unser Ego zu stärken, zu erhöhen oder eben zu verunsichern. In diesen Situationen ist es wichtig, einen erfahrenen Lehrer an seiner Seite zu haben.

Die richtige Übung und der richtige Lehrer kommen zur rechten Zeit

Und dieser Lehrer, Meister, „kommt" zur rechten Zeit.

Am Anfang ist der Widersacher die Verstrickung in mir selbst und in den Anforderungen unserer Welt. Er zeigt sich in dem scheinbaren Zwang, keine Zeit zu haben, und durch das Hin- und Hergeworfensein zwischen Sollen, Müssen, Können, Dürfen, Mögen, Hassen, zwischen dem Verlangen und Begehren. Ein Widersacher der Mittelstufe sind tiefe Zen-Erfahrungen, wie ich sie eben beschrieben habe, die im Widerspruch stehen zur Welt. Dann sind da noch Zweifel oder mangelnde Fokussierung. Auch mangelnde Erdung führt zu Problemen, die ein guter Lehrer aber rechtzeitig erkennen kann. Fortgeschrittene Schüler scheitern am Widersacher des „Ich-bin-schon-sehr-weit"- oder „Ich-bin-schon-halb-erleuchtet"-Syndroms, das auch das „spirituelle Ego" oder „Zen-Ego" genannt wird.

Erleuchtung ist ein großes Thema im Zen und ein großes Spielfeld für den Widersacher. Ein Lehrer ist an dieser Stelle häufig unbequem und kann sehr streng, ja oft sogar enttäuschend wirken: „Hat er denn nicht gesehen, wie weit ich schon bin?" „An dieser Stelle hätte ich zumindest von einem Meister erwartet, dass ..." Oder der Lehrer agiert motivierend und hilft, die Kräfte im Schüler zu öffnen, damit dieser nicht nur intellektuell erfährt: „Vertraue dir selbst!"

Der Weg ist ein Weg, weil er Grenzen hat, und durch diese Grenzen führt er nach vorne. Auf einer Bergtour verhindert das Geländer, dass ich abstürze. Es lenkt so meinen Weg zum Berggipfel. Je mehr ich also einen neuen Weg ohne Geländer gehe, desto mehr vertraue ich meinem Bergführer, der den Weg durch das Gelände schon kennt. Die größte Gefahr auf dem Weg ohne Bergführer ist nicht die Krise, die größte Gefahr ist, dass ich tausend Male den Berg umrunde, gefangen in der Illusion, ihn zu besteigen.

Auch das Umfeld des Lehrers, des Meisters, ist hilfreich: die Sangha.

Die Sangha, die Gemeinschaft der Weggefährten, hilft, weil diese Freunde ebenfalls den Weg gehen und deren Erfahrungen auch sehr wertvolle Unterstützungen sein können.

Wenn dann ein Baum wieder ein Baum ist, beginnt der Weg in der Welt, auf dem mehr und mehr das eigene Wesen präsent ist. Diese letzte Phase nennt sich traditionell: Kultivierung der eigenen Buddhaschaft, der Selbstmeisterschaft. Es bedeutet, Freiheit und Herzweisheit zu bezeugen.

Der einzige Wunsch, den auf diesem Abschnitt des Weges der Lehrer, der Meister, noch hat, ist, dass sein Schüler diese Freiheit und Herzweisheit noch freier bezeugt, als er selbst es konnte.

Nicht der Finger, der den Mond zeigt, ist der Mond

Am Anfang gilt es also, eine Form wie die Schale für den Tee zu finden. In der Mitte des Weges gibt es Erfahrungsfelder, die „gelesen" werden müssen wie Landkarten beim Wandern. Und am Ende, das der eigentliche Anfang des meisterlichen Pfades ist, wird Form zu Formlosigkeit und alle Kategorien, Bücher und Erfahrungen, weichen der großen Freiheit und dem „Nach-Hause"-Kommen.

Und vielleicht begleitet dieser Mensch dann andere, dient ihnen mit seiner Erfahrung. Denn: Wer eine Reise macht, der hat etwas zu erzählen – auch wenn dieses Erzählen tiefes Schweigen ist. Zen ist pragmatisch – was zur Befreiung des Schülers nutzt, wendet der Lehrer an, was nicht, kommt in die Tonne.

Ein Meister, der den Weg der Befreiung zeigt, hat Schüler, die dem Weg der Freiheit folgen. Nicht der Finger, der zum Mond zeigt, ist der Mond, nicht der Buddha außerhalb von dir ist das Ziel, sondern du selbst bist es.

Meister, Lehre, Weg – das alles sind Illusionen; deshalb ist meine Verbindung zu meinem Lehrer lebenslange Dankbarkeit und Liebe.

Erdung ist Stabilität zwischen Licht und Schatten

Der dritte wichtige Aspekt zu Beginn des Weges ist die „Erdung". In vielen europäischen Zen-Richtungen fehlt, wie zunehmend auch bei anderen spirituellen Wegen, häufig dieses Element. Das führt dann zu Problemen bei den Übenden. Häufigster Auslöser dieser Probleme ist die starke Konzentration und Fokussierung der Energie auf den Geist. Dazu kommt dann das Vernachlässigen des Körpers, des Kontakts mit der Erde. Ohne ausreichende Erdung gibt es fast immer Probleme auf dem Weg. Einen Zen-Weg ohne Erdung gibt es deshalb für mich nicht. Der Schüler geht dann allenfalls einen Weg, von dem er meint, das sei Zen. Es besteht immer die große Gefahr, den Kontakt zu verlieren, die Einbindung in diese Welt. Die Trennung in Vorstellung und Wirklichkeit wird eher noch verstärkt.

Erdung ist auch Stabilität innerhalb der verschiedenen sichtbaren, aber auch unsichtbaren psychischen Aspekte und Facetten der eigenen Persönlichkeit. Wer bin ich hier und jetzt? Zu sehen und zu akzeptieren: Gut, hier ist meine Stärke. Okay, hier ist meine Schwäche. Und hier, hier habe ich wohl Mist gebaut, tut mir leid. An dieser Stelle ist Dunkelheit, huch. Erdung ist Stabilität im Licht und im Schatten meines Selbst.

Erst dann folgt mit der entsprechenden Reife der „Weg des Herzens", Metta. Die gröbsten Ecken und Kanten werden gereinigt und aufgelöst. Und das mit Güte für sich und in Liebe mit sich selbst – Heilung, Schritt für Schritt, im Sinne eines Prozesses, der seine eigene Dynamik, seine eigene Zeit entwickelt und dieser folgt.

Deshalb stehen im Daishin-Zen bereits zu Beginn des Zen-Weges die Erdungs-Übungen im Mittelpunkt. Sie stabilisieren das Hara – so wird der energetische Mittelpunkt des Menschen unterhalb des Bauchnabels bezeichnet.

Hara: die Einheit von Körper, Geist und Energie

Im Zen sind Geist, Körper und Energie eine Einheit. Durch die tägliche Übung verteilt sich die Kraft, die Lebenskraft – auch Chi oder Ki genannt – gleichmäßig im ganzen Körper und wirkt so heilsam. Das Zentrum dieser Kraft ist das Hara. Das ist der Idealfall. Wir in unserer modernen Welt sind weit davon entfernt.

Wohin unsere Wahrnehmung, unsere Achtsamkeit, geht, dorthin folgt auch unsere Lebensenergie. Das ist eine uralte Erkenntnis. Durch das ständige „Denken" – wir gebrauchen pausenlos unseren Verstand, den Kopf – *sind* wir als moderne Menschen quasi durchgehend im Kopf-Schulter-Bereich. Durch diesen unruhigen Kopf-Denk-Prozess sind wir verbunden mit belastenden Gefühlen von Verlangen, Ablehnung, Verstrickung, Verwirrung. Gefühle, die uns antreiben zu tausendundeiner Sache. So entsteht eine Unmenge von Energie in diesem Bereich. Eine Energie, die Unruhe, Gedanken, Emotionen weiter und weiter verstärkt. Unser System gerät außer Kontrolle, der Körper hat nicht mehr genug Energie, er kollabiert. Erschöpfung, Burnout, Apathie und Depression sind Ergebnisse. Das sind dann Situationen, in denen Zen durchaus hilfreich sein kann.

Wenn ich jetzt aber mit Übungen beginne, die aus früheren Zeiten und aus einer Kultur stammen, in denen es solche immer schneller werdenden Taktraten und Vermischungen von schnellem, unruhigem Denken mit wechselnden Emotionen und Unmengen von Energie im Kopf-Schulter-Bereich heutiger Ausprägung gar nicht gab, kann das fatale Folgen haben. Praktizieren wir dann noch Übungen, die z.B. versuchen, sogenannte „spirituelle Energie" von unten nach oben zu führen, können sich diese für den modernen, gestressten Menschen ausgesprochen negativ auswirken.

Alte unangemessene Techniken können für moderne Menschen fatale Folgen haben

Aus diesem Grund lernen im Daishin-Zen Anfänger, ihre Energie von oben nach unten „fallen zu lassen" – ins Hara „zu gehen". Das nenne ich den ersten Schritt zur Erdung.

Mitunter kommen Menschen zum Zen, die schon großartige spirituelle Erfahrungen gemacht haben. Diese Menschen leiden aber trotz ihrer Erfahrungen in der Welt häufig psychisch und auch körperlich. Sie erleben leidhafte Disharmonie in verschiedenen Formen. Beginnen diese Menschen dann mit Erdungs-Übungen, dann erleben sie recht schnell Veränderung und Verbesserung. Heilung ist notwendig. Heilung zwischen Geist, Herzgeist, Energie auf der einen Seite und Erdung im Körper, im Hara auf der anderen Seite.

Der Weg des Zen

Am Anfang des Weges ist es also ratsam, dass der Schüler seine Lebensenergie stärkt, um überhaupt den Weg beschreiten zu können. Nicht die Übung ist schwer, sondern die Ablenkung, der umtriebige Müll um ihn herum, der in immer wieder neuen Verpackungen von Pflicht, Druck, Geilheit und Coolness, Wollen und Nicht-Können um ihn herum aufblitzt.

Ein Baum ist ein Baum

Der Beginn ist Kraft. Der Beginn erfordert Kraft. Ich brauche Kraft, um in dem verzettelnden, quatschenden, antreibenden, ermüdenden und erschöpfenden Chaos anzuhalten. Ich brauche Kraft für die Entscheidung, meiner Sehnsucht mehr Raum zu geben. Kraft für die Entscheidung, aus der Sehnsucht, aus dem teilweise Durchschauen der Illusion, aus dem Unbekannten heraus, was uns anzieht, aber auch aus Leid und Grenzerfahrung diesen Weg zu gehen. Ich brauche Kraft für die tägliche ununterbrochene Übung. Jeden Tag neu, jeden Tag existenziell wesentlich.

Die Übung, sich zu erden, aus wenig Kraft mehr zu sammeln, um im Unheilsamen anzuhalten und dem Heilsamen zu folgen.

Ein Baum ist kein Baum

Ich brauche Energie und später erwächst aus dieser Energie der Mut, um anzuhalten, um auf mein Herz zu hören. Ich brauche tiefe Kraft und Stille, um den Unterschied zwischen Emotion und Herz zu erkennen, Kraft und Mut, um meinem Herz-Weg zu folgen.

Aus „Sitzen in Kraft und Stille", oft in rechter Anstrengung, öffnet sich die Möglichkeit, die Bereitschaft zur Hingabe ohne Objekt, ohne Denken, ohne Bedingtheit. Die Hingabe an den großen Herzgeist, die Herzöffnung, auch Metta-Erfahrung genannt. Es öffnen sich Seins- und Einheitserfahrungen.

Der Weg zum Weg, von dem der Mensch dann nicht mehr herunterfallen kann, ist ein Weg mit inneren Erfahrungen und Erkenntnissen, die Gewissheit sind und die sich niemand von außen aneignen kann. Das sind Erfahrungen vor der Wesensschau (Kensho und Satori) wie Herzöffnung (Metta), Begegnungen mit dem Speicherbewusstsein (Makyo), Aktivitäten des Widersachers (Mara), tiefe Versenkungs- und Einheitserfahrungen (Samadhi) und Vorboten tiefer Erfahrung (Wakaru). Dann der Beginn von Freiheit und Herzweisheit durch erste tiefe Wesensschau (Kensho) und die große vollkommene Befreiung mitten in der Welt (Satori). In diesem Zustand der Hingabe, der Mühelosigkeit, der Einheit und Herzweite, kann der Mensch zur „Großen Befreiung" durchbrechen.

Ein Baum ist wieder ein Baum:
In tiefem Frieden, zu Hause angekommen.
„Wenn der Geist still wird, wird die Welt wahr"

Alles ist reiner Geist.
Alles war, ist und wird immer sein,
genauso wie Du, aber Nicht-Ich.
Nicht-Ich, sondern alles ist ewig.

Herbstmorgen.
Regentropfen verharren in Stille.
Ein Blatt segelt herab im Sonnenlicht.

Kensho, die Wesensschau, das schlagartige Durchschauen der Illusion des Egos. Und dann ist es wieder da, und alles ist neu und gleichermaßen beim Alten. Nach der ersten tiefen Einsicht ist der Weg mit dem Meister, dem Lehrer, fast wichtiger als davor. Erdung und „Reinigung des Herzens" sind jetzt die Ausrichtung. Es geht darum, das Ewige hier und jetzt in meiner Welt zu bezeugen.

Nach der Schau des Wesens selbst, nach dem „großen Tod" von „ich, mein, mir, mich" beginnt der Weg. Denn das Leben geht weiter. Meine Person, mein Ich, meine Geschichte, meine Stärken und Schwächen sind der Weg des Menschen hier in dieser Welt. Und doch ist alles anders. Dieses Neue, Wesentliche will kultiviert sein. Immer noch intensive Übung, aus der sich nach acht bis zwölf Jahren der Weg öffnete, der mehr und mehr in allem präsent ist.

Vor der Wesensschau ist Zen der Weg der Erfahrung. Danach ist Zen der Weg, ein wahrer, freier Mensch zu werden, das Bezeugen des Wesentlichen mitten in der Welt, in der Schule, beim Fernsehen, beim Feiern, im Kloster, in der Klause, auf der Party, im Wirken, beim Sport, aber vor allem immer wieder in Menschlichkeit. Gemeint ist die Menschlichkeit meiner Schwächen, meiner überzogenen Stärken, meines Irrens und aller Gefühle und Körperempfindungen, die ich habe.

Meisterschaft ist das grenzenlose Sein innerhalb von begrenztem Sein als Mensch. Der ewige Pfad der Herzweisheit, mal Tal, mal Berg.

Nach der ersten tiefen Einsicht kommt der Widersacher vielleicht ein letztes Mal und sagt: „Der Weg ist zu Ende, vollendet." Ja, aber der Weg ist nicht zu Ende! Ich bin wie ein Baby, ein Kind, und erfahre, erlerne alles neu, was da zu Ende ist. Und dieses nicht zu entdecken, wie schade wäre dies, wo sich die Freiheit inmitten der Unfreiheit offenbart hat, wo das Ewige mitten im Endlichen erscheint. Und als Kind freue ich mich über die Güte meines Meisters, Lehrers, dem ich jetzt zum ersten Mal wirklich folgen, den ich sehen kann. Oder aber ich folge dem Widersacher, dann erlischt die Glut zumindest in diesem Leben. Nach der Tradition des alten Weges des Buddhismus (Theravada) kann es passieren, dass ich trotz Wesensschau noch viele Leben in Dunkelheit verbringe, der Blindheit folge, wenn ich die „Glut" verliere, überdecke oder vergesse.

Nach tiefer Einsicht bin ich der, der ich bin, aber auch der, der ich war.

Ich bin immer noch der gleiche Mensch, das ist ja völlig klar. Wenn ich 1,96 Meter groß bin und lange Haare trage, dann kann ich mir vielleicht die Haare abschneiden, aber ich bleibe 1,96 Meter groß. Ebenso ist es mit unsere Psyche: Sie verschwindet nicht. Der Unterschied aber ist, die Illusion ist nicht mehr meine Wirklichkeit. Ich weiß, ich erkenne, ich bin der Wettermacher meiner Welt. Je weiter ich den Zen-Weg gehe, umso mehr gilt dies. Umso wichtiger ist es, mein Herz zu reinigen. Diesen Prozess entdecken moderne Psychologen heute mehr und mehr für sich.

Der Prozess des Herz-Reinigens geht weit über „mich" und „meine Psyche" hinaus.

„Herz" ist unendlich weites Bewusstsein. Wenn ein Mensch diese tiefe Einsicht hat, dann bekommt er ein großes Geschenk, nämlich die Möglichkeit, mehr als nur „sein" Herz zu reinigen. Es geht um Daishin: das „große Herz". Dieser Mensch tut dann etwas für diese Welt, für alle Wesen, für die Zukunft der Menschheit: „Wenn ein Mensch sein Herz reinigt, dann werden andere Wesen geboren, deren Herz auch rein ist", sagte schon Vimalakirti, ein Laienschüler Buddhas, im „Sutra von der unvorstellbaren Befreiung".

Die Erfahrung in die Welt tragen

Wenn das Alte durch Unterstützung und Förderung und das Neue durch erwachende Intelligenz, Kraft und Geist sich die Hände reichen in Schulen, Universitäten, in Unternehmen und in den Medien, dann wird die heutige Gesellschaft ihre wirtschaftliche und kulturelle Rolle nicht nur stärken, sondern zum Wohle aller fruchtbar weiterentwickeln.

Dies ist die Arbeit und Aufgabe, und das meine ich, wenn ich sage: Wir müssen, ihr müsst das Erfahrene in die Welt tragen, damit immer mehr „erfahren". Und Thich Nhat Hanh stellt fest: „Ein Buddha ist nicht genug", und Willigis Jäger fordert: „Wir brauchen diese mystische Erfahrung, um die Erde und die Menschen heil in die Zukunft zu bringen."

Wir brauchen drei Dinge:
1. eine offene Gesellschaft
2. eine offene Spiritualität
3. Menschen, die diese Herausforderung annehmen, die offene Gesellschaft und offene Spiritualität zusammenzuführen

Ich wünsche, dass sich Unruhe, Unzufriedenheit, das Leid verwandeln in heilsame Energie. Eine Energie, die Lebenskraft der Weisheit ist und dem Herzen folgt. Zen ist der Beginn – für mich, für uns. Für Christen, für Buddhisten, für Atheisten und jede andere dem Menschen zugewandte Religion und Ausrichtung. Ich verbeuge mich vor dem Dalai Lama und seiner Vision für unsere Welt: „Ich sehe menschliche Wesen, die diesen Planeten wie wahre Brüder und Schwestern bewohnen."

Gassho:

Unabhängig von allem –
folge dem Weg deines Herzens.

Jetzt erst weiß ich, wer ich bin
Birgit, 48, verheiratet, PR-Beraterin

Das siebentägige Daishin-Zen Rohatsu im Dezember 2011 war mein erstes längeres Sesshin. Ich bin erst seit knapp einem Jahr Zen-Schülerin. Eine tiefe Sehnsucht hat mich zum Zen geführt und auch zu meinem Lehrer.

Um zu beschreiben, was ich erfahren habe, müsste ich eine neue Sprache erfinden mit ganz neuen Wörtern und vollkommen anderen Bezügen, denn die innere Erfahrung hat alles Bekannte gesprengt, auf den Kopf gestellt, infrage gestellt, neu zusammengesetzt.

Diese Erfahrung verweigert sich dem begrifflichen Denken und entwischt ihm, sobald ich versuche, sie zu fassen und in Worte zu gießen. Die Aggregatzustände passen nicht zusammen. Ich kann nur assoziative Wortbruchsteine aus meinen spärlichen Notizen liefern. Das Wort „Erleuchtung" im Teisho von meinem Lehrer Hinnerk Polenski schockiert mich, ich bin erschüttert, kämpfe gegen das Wort, finde es anmaßend, will nichts damit zu tun haben.

Ist Erleuchtung etwa auch für mich möglich? Ist Erleuchtung auch für mich vorgesehen? Was soll das überhaupt sein? Diese Frage arbeitet in mir. Ich kann es mir nicht vorstellen. Das ist etwas für andere, nicht für mich. Ich bin sofort konfrontiert mit meinem Selbstwert-Thema und verstricke mich in einem aufzehrenden inneren Kampf. Denn da ist gleichzeitig auch eine tiefe Sehnsucht nach etwas, das ich nicht in Worte fassen kann. Immer wieder überwältigt mich emotionaler Schmerz, abgrundtiefe Trauer, Tränen fließen, es hört nicht auf.

In einem Bruchteil von Sekunden weiß ich genau, woraus das Sein beschaffen ist

Am Anfang ist tiefe Dunkelheit, schwarze Verlorenheit in der Stille. Der Weg führt durch die Dunkelheit, die schwarze Nacht der Seele. Wer fühlt diesen Schmerz? Ist da jemand? Tränen fließen über ein Gesicht. Wessen Gesicht ist das? Immer neue Schichten von Schmerz schmelzen ab. Kernschmelze. Wer bin ich ohne all das?

Hinter den geschlossenen Augen sehe ich Sterne, es fühlt sich an, als sei ich im Universum unterwegs. Ich sehe den Urgrund des Seins, einen amorphen Raum, aus dem sich alles formt und in den alles zurückgeht: Pflanzen, Tiere, Landschaften, Wesen, Buddhas. Es sind nur Bruchteile von Sekunden, doch in ihnen weiß ich genau, woraus das Sein beschaffen ist. Ich kann den „Stoff" fühlen und sehen, das „Stirb und Werde" entfaltet sich im Raum hinter meinen geschlossenen Augen. Alles ist Geist, das weiß ich in dieser Sekunde. Es ist kein intellektuelles Begreifen, es ist eine Erschütterung, die durch und durch geht und alle Zellen erfasst. In diesem Moment gibt es auch keinen Beobachter. Ich bin Fülle, ich bin Liebe, ich bin Licht, nur dass das „ich" in diesen Satz eigentlich nicht gehört. Da ist Fülle, da ist Liebe, da ist Licht, helle, strahlende, unendliche Weite.

Es ist ein ständiges Hin und Her zwischen Mich-Anstrengen, Dranbleiben, Zweifeln, Kämpfen, Weiterwollen auf der einen Seite und Loslassen, Aufgeben, Mich-Fallen-Lassen, Kapitulieren, Hingeben auf der anderen Seite. Die Auflösung geschieht im Moment des Loslassens, auf dem absoluten Tiefpunkt, im Zustand existenzieller Verzweiflung. Auf dem Höhepunkt einer extremen Schmerzkrise fällt plötzlich alles von mir ab, von einer Sekunde auf die andere weiß ich: Diese Frau gibt es gar nicht. Es ist alles ein großes Missverständnis. Dann ist nur noch ein donnerndes, kosmisches Gelächter in mir, in der Toilettenpause kann ich mich nicht mehr halten vor Lachen. Ich schaue in den Spiegel und erkenne mich nicht wieder. Wer ist diese fremde Frau? Ich bin es nicht. Diese blitzartige Erkenntnis, dass es die Frau, die eben noch unüberwindlich scheinenden Schmerz gefühlt hat, gar nicht gibt, lässt mich den Rest des Sesshin in stoischer, völlig entspannter Ruhe weiter sitzen und den hellen, weiten Raum, der jetzt verlässlich da ist, genießen.

Mein altes Ich ist zerfallen wie Staub in der Sonne

Der Schmerz kehrt nach einer Weile zurück, aber er hat keine Wirkung mehr. Ich erfahre die Gleichzeitigkeit von Unbedingtheit und Bedingtheit. Ich bin 48, und ich weiß erst jetzt nach dem Rohatsu, wer ich bin. Es ist jedenfalls nichts von all dem, was ich bisher mit mir verbunden habe. Das ganze Konstrukt aus Familiengeschichte, beruflicher Identität, Liebesbeziehung, Mutter-Sein, Stärken, Vorlieben usw. ist zerfallen wie Staub in der Sonne – Kensho.

Wir müssen uns nicht auf die Suche
nach Nirvana begeben, denn wir sind Nirvana.
So wie die Welle bereits Wasser ist.

Thich Nhat Hanh

Ich öffne mein Herz für das Leben

Nadine 37, ehemalige Physiotherapeutin, angehende Nonne

Ich habe keine eigene Familie, keine Kinder, keinen Mann. Deshalb war es eine leichte Entscheidung, ins Kloster zu gehen. Meine Mutter, deren Meinung mir wirklich wichtig war, unterstützte mich, weil sie weiß, dass es mein tiefster Wunsch ist, so zu leben. Sie half mir und unterstützt mich immer noch. Und dafür bin ich ihr sehr dankbar.

Ich wohnte in Bonn und vorher in Münster. Die Arbeit als Physiotherapeutin machte mir Freude, aber in diesem Sommer, da war es an der Zeit, etwas anderes zu tun. Also kündigte ich, löste meine Wohnung auf und kam hierher zu Thich Nhat Hanh nach Plum Village. Hier lebe ich jetzt seit drei Monaten. Früher praktizierte ich japanisches Zen, zwölf Jahre lang. Kung-Fu und Tai-Chi interessierten mich schon in meiner Jugend. Diese Sportarten betrieb ich sehr intensiv. Im Rahmen des japanischen Zen besuchte ich auch viele Sesshins. Und nach jedem Sesshin wuchs der Wunsch, das Schweigen, das Sitzen, die Meditation weiter und noch intensiver umzusetzen.

Mit zwölf Jahren hatte ich meine erste sehr tiefe Einheitserfahrung: Ich saß draußen an einem See mitten in Recklinghausen, fühlte mich wohl, dachte an nichts Besonderes. Plötzlich war es so, als würde ein Zoom die Welt in mich hineinziehen. Und im nächsten Moment fiel alles um mich herum in sich zusammen. Ich konnte dann nichts mehr trennen, das Gras, das Wasser, alles war eins mit mir. Das war eine ganz intensive Erfahrung. Da war auch ein Gefühl von großer Liebe. Das überwältigte mich völlig. Ich wusste nicht genau, wie lange es so war, dann hörte ich ein Geräusch und alles war vorbei.

Für mich war damals völlig klar, dass dieses Erlebnis mit Gott zu tun hatte. Ich stand kurz vor der Konfirmation und beschäftigte mich viel mit dem Glauben und der Kirche. Also lief ich aufgeregt zu unserem Pfarrer und berichtete ihm davon. Ich wollte mit ihm über meine Erfahrung sprechen. Aber er sagte, man könne Gott nicht erfahren. Er entschied, ich sei noch jung und würde mir das einbilden, das habe nichts mit Gott zutun. Von da an war Kirche für mich vorbei. Das, was ich erlebt hatte, war für mich wahr, weil ich es ja selbst erfahren habe. Ich sprach lange Zeit mit niemandem mehr darüber. Ich hatte das Gefühl, es sei besser, über dieses „merkwürdige Erlebnis" nicht weiter zu reden.

Im Studium beschäftigte ich mich mit Taoismus und Buddhismus. In dem Zusammenhang las ich mein erstes Zen-Gedicht. Darin war exakt das beschrieben, diese Erfahrung, die ich selbst erlebt hatte viele Jahre zuvor an dem See in der Stadt. Da war mir klar, das kennen auch andere, ich bin nicht verrückt. Das ist wirklich. Das war damals eine große Befreiung für mich.

Ich bin dann in eine strenge und formelle Zen-Gruppe gegangen. Das war aber nicht so, wie ich es mir vorgestellt hatte. Also beschäftigte ich mich alleine weiter mit Zen. Später schloss ich mich einer kleinen Gruppe an, in der es mehr um den Inhalt als um die Form ging. Seitdem praktiziere ich.

Ähnliche Erfahrungen wie die mit zwölf Jahren habe ich bis heute immer wieder gehabt. Sie ereignen sich am ehesten in der Natur. Da ist dann ein tiefes Erleben und Verstehen. In mir „steigt dann etwas auf". Es passiert von ganz allein.

Diese Erlebnisse sind zwar einerseits hilfreich für die Meditation, andererseits sind sie auch ein Hindernis. Denn es geht ja nicht um diese spektakulären Erfahrungen. Es geht um das Hier und Jetzt und die Achtsamkeit im Alltag.

Ein Zen-Meister bestätigte mir irgendwann auch diese tiefe Erfahrung, sagte aber auch, ich soll sie wieder vergessen und einfach weiter sitzen. Wenn man es wieder haben will, rinnt es einem durch die Finger.

Dann habe ich mich mit der Achtsamkeits-Praxis auseinandergesetzt und bei Thich Nhat Hanh meine Heimat gefunden. „Intersein" ist der einzige Orden, in dem ich Nonne sein will. Hier kann ich jeden Tag Achtsamkeit leben, sehe, wie ich mich verändere, glücklich werde. Hier öffne ich mich, öffne mein Herz fürs Leben.

Ins Kloster zu gehen bedeutet nicht, aus dem Leben zu gehen oder sogar davor zu fliehen. Im Gegenteil, ich gehe ins Leben. Seitdem ich hier bin, hat sich das für mich immer wieder bestätigt. So wie ich mich hier fühle, war ich noch nie: so zufrieden, in mir ruhend, glücklich.

Die Energie, in der ich hier bin, die Freude, das Miteinander, das alles macht etwas mit mir, verändert, transformiert mich. Früher habe ich lange nach dem Glück gesucht, erst hier habe ich wirklich begriffen, dass Glück immer in mir ist, dass ich Glück nicht finden kann. Da ist kein Ziel. Ich bin schon da. Ich bin angekommen, ich bin zu Hause.

Alles ist reine Liebe, freier Raum.
Alles ist Sein, im Moment und in alle Ewigkeit.

Hinnerk Syobu Polenski

Der Meister behandelte mich, als hätte ich keinen freien Willen

Rolf, 42, lebt mit seiner Lebensgefährtin zusammen, keine Kinder, Lehrer

Mein Zugang zu Zen und der Kontemplation ist die Musik. Ich studierte Klavier, Klavierpädagogik an der Musikhochschule. Schon sehr früh las ich die Biografie meines Lieblingspianisten, des Chilenen Claudio Arrau. Für mich ist er der größte Musiker aller Zeiten. In dieser Autobiographie verwies Arrau auf Eugen Herrigel und sein Buch „Zen in der Kunst des Bogenschießens". Zeitgleich las ich das Buch von Erich Fromm: „Kunst des Liebens". Diese beiden Quellen faszinierten mich. Damals war ich vielleicht vierzehn oder fünfzehn Jahre alt. Seitdem ist Zen in meinem Kopf. Es gab zu dieser Zeit noch nicht so viele Zen-Gruppen wie heute, und es gab kein Internet, also nur wenige Informationen. Zen war etwas ganz Fernes, Fremdes. Doch da war auch eine tiefe Sehnsucht im Alltag. Ich wusste, dass ich irgendwann nach Japan muss, um dort Zen zu machen.

Als ich älter wurde und studierte, verschlang ich alles, was ich zu dem Thema bekommen konnte. Dann kaufte ich ein Sitzkissen und meditierte eine Stunde pro Tag alleine, so, wie ich es in den Büchern gelesen hatte. Irgendwann fühlte ich mich so sehr dahin gezogen, dass ich mir wirklich Sorgen um mich machte. Ich befürchtete insgeheim, es dauere nicht lange und ich zöge braune Sandalen an und wanderte predigend übers Land. Also hörte ich wieder auf zu meditieren.

Ich wollte ein besonderer Mensch sein, damals wusste ich nicht, wie schwer es ist, ein normaler Mensch zu sein

So ging es lange Zeit hin und her. Eines Tages begegnete ich einem Zen-Meister, der in seinem Vortrag sagte: „Zen soll dazu führen, dass man ein normaler Mensch wird." Mir vorzustellen, ich sei ein normaler Mensch, war damals das Schlimmste, was ich denken konnte. Ich steckte mitten im Examen und wollte partout kein normaler Mensch sein, im Gegenteil: Ich wollte ein besonderer Mensch sein. Ich empfand diese Zen-Aussicht geradezu als eine Unverschämtheit.

Ich wusste ja nicht, wie schwierig es ist, ein normaler Mensch zu sein. Heute weiß ich, wie viel Würde darin stecken kann, ein normaler Mensch zu sein, und wie schwierig es ist, ein normaler Mensch zu sein. Besser ist es zu sagen, menschlich zu sein. Aber damals war es für mich unvorstellbar und wieder war es wieder aus mit Zen.

Im Sterben meines Vaters erfuhr ich das Schönste und das Schlimmste

Ich war 38 Jahre alt, als mein Vater im Sterben lag. Trotz der Trauer und gedrückten Atmosphäre spürte ich bei ihm im Krankenzimmer so eine „gewisse" heilige Stille. Ich „wusste" plötzlich: „Ja, so ist es. Schlimm. O.k. Einverstanden." Aber ich habe auch gemerkt, wie schön das Sein ist, so verrückt das jetzt auch klingt. Ich habe sowohl das Schlimme der Situation wahrgenommen, aber gleichzeitig auch die Schönheit des Seins gesehen, erlebt und gefühlt.

Im folgenden Sommer überlegte ich, wo ich Urlaub machen wollte. Und da kam ein Gedanke wieder ganz tief aus meinem Innersten: Zen. Das hat mich so sehr gerührt, dass ich weinen musste. Ich kann diese Rührung, dieses innere Berührt-Sein nicht beschreiben. Ich war zutiefst bewegt, ohne genau zu wissen, warum. Da war nun dieser Gedanke, es doch noch einmal mit Zen zu versuchen. Es waren ja Sommerferien, sechs Wochen Zeit. Also bin ich für vier Wochen in ein Zen-Kloster in der Nähe von Freiburg gefahren.

Die ersten Wochen waren die schlimmste Zen-Zeit meines Lebens

Die Anfangszeit des Zen-Übens war die schlimmste Zeit, die ich je erlebt habe. Ich wollte unbedingt im Lotus sitzen, war aber nicht gelenkig. Es war eine Tortur. Aber ich gab nicht auf, so zu sitzen, vielleicht zehn, vierzehn Tage lang. Ich hielt aus trotz der Schmerzen.

Im Zen gibt es das Koan „Mu". Es lautet: „Ein Mönch fragte Meister Jôshû: ‚Hat ein Hund Buddha-Natur oder nicht?' Jôshû antwortet: ‚Mu!'" Die Aufgabe für den Schüler ist es, dieses Koan in seinem gesamten Wesen zu erfassen, was bedeutet, eins zu werden mit „Mu". Ich wollte dieses Zen-Rätsel lösen, es war quasi mein einziges und letztes Lebensziel. Das vorletzte war meine Verbeamtung als Lehrer.

Ich wollte dieses „scheißblöde" Mu lösen. „Im schlimmsten Fall sterbe ich." Ich war damals schon sehr verbissen. Also saß ich viele Stunden am Tag und hielt mich aus. Das hatte dann auch seine Wirkung, ich hatte meine ersten spirituellen Erfahrungen.

Ich wollte dieses Koan „Mu" lösen, auch wenn es mein Leben kostete

Und dann kam Zen-Meister Willigis Jäger nach Freiburg in unseren Kontemplationskurs. Bis dahin war es eigentlich ganz idyllisch gewesen in diesem Kloster, dann brach die Hölle los. Das ganze Haus geriet in Aufruhr, es wurde geputzt, gewienert und aufgeräumt. Das habe ich nicht verstanden. Da kommt so ein Guru, und alle flippen aus.

Dann war er da. Ich blickte aus dem Fenster und sah einen Mann, der Autos in Position winkt. Ich werde nie vergessen, dass ich den Zen-Meister so zum ersten Mal gesehen habe – als Einparker.

Der Kurs begann. Ich ging als einer der Ersten zu Willigis Jäger in das Vier-Augen-Gespräch zwischen Meister und Schüler. Er fragte sehr direkt: „So, jetzt musst du dich entscheiden: Machst du Zen oder machst du Kontemplation?" Ich wusste gar nicht, was er von mir wollte. Ich machte Zen, da brauchte ich gar nicht zu überlegen: „Ich kann Ihnen sagen, ich bin auf der Zen-Seite. Was immer das ist, ich bin da auf dieser Seite. Zu dieser Schublade gehöre ich." Dann er: „So? Dann brauchst du jetzt einen Zen-Lehrer." Er sagte, ich solle zu dem, dem oder dem gehen. Ich wusste gar nicht, was ich sagen sollte. Ich wollte keinen Lehrer. Ich war total sauer und dachte: „Was will der von mir? Der kann mich mal. Der Typ hat doch einen Knall, der ist doch jenseits von Gut und Böse. Die spinnen hier alle rum, mir doch egal, was der da macht und sagt." So, als ob er das alles gehört hätte, bohrte er weiter: „Du musst zu dem, dem oder dem" – als ob ich kein freier Mensch wäre! Dann bin ich rausgegangen und schmollte.

„Die können mich alle mal gernhaben!"

Erst nach vier Tagen ging ich wieder zu Willigis Jäger ins Dokusan. Er fragte mich sofort: „Und, wo gehst du hin? Zu dem, zu dem oder zu dem?" Da platzte es aus mir raus: „Hören Sie mal. Ich gehe hin, wann es mir passt und zu wem es mir passt." Und er: „Wie, was soll das?" Das sagte er wirklich grob, und ich schimpfte weiter: „Das muss ich selbst entscheiden, da muss ich, da will ich auf meine innere Stimme hören." Und fügte hinzu: „Und die kann ich nicht hören, wenn Sie so rumbrüllen." Und dann war es gut.

Ich weiß heute, dass der Lehrer mich mit Absicht so behandelte, genauso, wie die anderen Zen-Meister vorher auch. Sie hatten wohl den Eindruck, da kommt einer, der ist sehr arrogant und so haben sie eben „Pong" gemacht.

Trotz der nervigen Ansagen war Willigis Jäger mir von Anfang an sympathisch. Ich stellte ihm eine Frage, die mir wichtig war. Sie betraf eine mystische Erfahrung, die ich vor Jahren gemacht hatte, aber nie vergessen konnte. Auch seine Antwort ist unvergesslich: „Das sind einfach höhere Bewusstseinsebenen." Peng, das war alles. Doch mit der Art und Selbstverständlichkeit, mit der er das sagte, erklärte seine Antwort alles, sie war für mich stimmig. Beim nächsten Zen-Sesshin wurde ich offiziell Schüler und nach neun Monaten löste ich das Koan.

Ich hatte nicht nur das Koan gelöst, ich „wusste" auf einmal alles, auch wo mein verstorbener Vater war. Nachdem mein Lehrer das als echtes Kensho bestätigt hatte, fuhr ich zu meiner Mutter und sagte ihr, dass mein Vater, ihr Mann, nie gestorben sei. Ganz ehrlich, das verstehe ich heute nicht mehr, wie ich das tun konnte, aber damals war es für mich völlig klar.

Irgendwann habe ich den Zugang wieder verloren

Ich weiß nicht mehr, was sie damals antwortete. Ich kann mich aber gut daran erinnern, dass ich auch meinem besten Freund, er ist für mich wie ein Bruder, erklärte: „Hör mal, wir können nicht sterben." Mein Freund hat gemerkt, dass irgendetwas passiert war, was auch immer, und da habe ich mich ihm anvertraut: „Man wird auch nicht geboren." Ich „wusste" das einfach. Klar ist, das war eine wichtige Erfahrung, aber man soll ja nicht daran kleben bleiben, und darum habe ich sie eigentlich auch wieder vergessen.

Zur Leere lässt sich genauso Fülle sagen.
Es gibt in ihr kein für sich Seiendes mehr,
sondern nur noch die Erfahrung
des kosmischen Mit-Seins.
Diese Erfahrung wird von allen Mystikern bezeugt.

Willigis Jäger

Für einen Moment war nichts mehr da

Susanne, 52, Mutter von zwei Söhnen, verheiratet, freie Journalistin

Ich übe schon sehr lange Zeit den Zen-Weg. Mich interessiert nicht nur Zen. Mich inspiriert auch die japanische und chinesische Kultur. Mit Mitte zwanzig begann ich mit der Meditation, probierte dies und das, war bei dem und jenem Lehrer. Es dauerte eine Weile, bis ich den richtigen Zen-Lehrer für mich fand. Mit ihm gehe ich den Zen-Weg seit mehr als zehn Jahren.

Es war bei einem Rohatsu, einem siebentägigen Sesshin, ich saß in der Zendo, und der Sensei hielt einen langen wortlosen Vortrag, ein Teisho ohne Worte. Es war eine unendliche Kraft im Raum, eine Spannung, die gleichzeitig auch eine große Erdung war. Ich versuchte, mich auf meine Metta-Übung der Herzöffnung zu konzentrieren, merkte aber, dass sie mir immer wieder entglitt.

Für einen Moment war plötzlich das Gefühl der Einheit da, gefolgt von einem noch stärkeren Gefühl. Auf einmal öffnete sich mein Herz ganz warm und ich machte eine Erfahrung von Weite und Offenheit und freute mich, dass es mir wieder gelungen war, mir zu vertrauen und diese Liebe in mir zuzulassen. Doch plötzlich, wie aus dem Nichts, war alles weg, nur gleißendes Weiß. Wie ein Blitz der Stille, wie ein Lichtblitz, der alles beendete, ein totales lichtes Ausgelöscht-Sein. Der Spielfilm war unterbrochen, geblieben war eine weiße ewige Leinwand, reiner purer Geist. Das Nächste, was ich wahrnahm, war, dass ich mich plötzlich mit meinem Gesicht in Richtung Boden bewegte, leicht nach vorne stürzte;

gleichzeitig war dieser Sturz sehr langsam, für einen Augenblick wie sanft eingefroren, in überirdischer Klarheit. Ganz weich wurde alles, dann wieder schneller, als ich mich wie im Reflex wieder in meine Zazen-Haltung aufrichtete, und für einen Moment war vollkommene Stille. Ich war kurzzeitig verwirrt, weil ich mich an nichts erinnerte, aber gleichzeitig fühlte ich eine unendliche Kraft, Festigkeit und Transparenz. Frisch und neu geboren.

Danach ging ich ins Dokusan und sagte zu Hinnerk Polenski: „Ich habe da eine interessante Erfahrung gemacht, die etwas eigenartig war. Ich war irgendwie kurz weg, der Boden raste auf mich zu, und gleichzeitig war plötzlich alles wie erstarrt." Und bevor ich weiterreden konnte, schrie er mich an: „Was?" Bevor ich antworten konnte, schrie er noch einmal. Für eine Sekunde blickte ich ihm in die Augen, und es durchlief mich eiskalt. Aus dieser Kälte entstand ein warmer Schauer, der durch meinen Körper lief und mich durch und durch festigte. Ich fühlte mich wie aus durchsichtigem Eisen gegossen und wie ein Knall war es wieder da, dieses Nichts. Der Lehrer sagte nur: „Das ist es." Und ich wusste, das ist so. Ich wusste in dem Moment, alles ist gut.

Da war ein Ton von absoluter, unendlicher Klarheit

Und so blieb mein Gefühl einige Tage lang, es war ein Ton von absoluter, unendlicher Klarheit, und gleichzeitig eine unendliche Unschuld, alles zu sehen. Als ich dem Lehrer davon berichtete, sagte er: „Dein Ego erinnert sich wieder an etwas, es bastelt sich jetzt wieder alles zusammen, aber das ist nun mal so."

Es war schon sehr eigenartig, denn ich dachte immer, wenn man eine so tiefe Einsicht hat, also Kensho erlebt, dann würde sich irgendwie das Leben ändern. Aber nach ein bis zwei Wochen war alles wieder normal und ich war eigentlich wieder genauso bescheuert wie vorher, das hat mich irgendwie beunruhigt.

An einem Abend, als ich eine Nachricht bekam, die mich in eine Krise stürzte, war ich vollkommen fertig, setzte mich auf einen Stuhl und dachte: „Jetzt geht es nicht mehr weiter." In diesem Moment war das Gefühl von Krise und auch Angst in mir so vollkommen, da gab es plötzlich einen Bruch und alles war wieder weg, ich war am Urgrund, am Boden.

So lernte ich, dass ich zwar im normalen Alltag diesen Punkt noch nicht wirklich umsetzen kann, aber wenn es wirklich um etwas Wesentliches geht, dann ist das Wesentliche selbst auch da. Dann ist der Weg vollkommen klar, offen und weit. Ich bin dankbar für diese Erfahrung und nahm auch wahr, welcher Unterschied zwischen den Zuständen der Meditation, die sehr tiefe und erschütternde spirituelle und mystische Erfahrungen war, und diesem einen Moment, der für eine Sekunde alles weggeschlagen hat, und nichts und niemand mehr da war, existiert.

Als Christ können Sie diese Energie
den Heiligen Geist nennen.
Er ist die Kraft, die uns von Gott geschenkt wurde.
Wo immer sie anwesend ist, sind auch Aufmerksamkeit,
Einsicht, Liebe und Mitgefühl da.

Thich Nhat Hanh

Ich muss nichts tun und kann machen, was ich will

Katrin, 38, eine Tochter, verheiratet, Versicherungsagentin

Ich arbeite in der Stadt und lebe mit meinem Mann und unserer Tochter auf dem Land in einem kleinen Dorf. Schon meine Eltern meditierten, sodass für mich Meditation etwas ganz Normales ist. Ich meditiere oft, aber nicht regelmäßig. Ich liebe die Natur, bin gerne in der Stille. Am Abend spaziere ich, sooft es geht, entweder alleine oder mit meinem Mann vorbei an Feldern, Wiesen durch einen kleinen Wald, überquere einen Fluss. Das tue ich, wann immer es mir möglich ist. Dieser Spaziergang ist fast wichtiger als das morgendliche Sitzen auf dem Meditationsbänkchen. Es ist auch eine Art der Meditation – nur eben nicht sitzend mit geschlossenen Augen. Das Gehen tut mir gut und macht mich friedlich.

An einem Tag, das ist jetzt circa zwei Jahre her, passierte etwas, das so grundlegend, so existenziell für mich war und ist wie nichts anderes zuvor. Dabei war es völlig unspektakulär. Die Landschaft veränderte sich nicht, nichts war verschwommen oder teilte sich. Da waren keine Töne oder Glocken, keine Blitze oder Lichter, aber genau das war es: Es – die Landschaft um mich herum, und ich –, alles war so, wie es ist, und wie es sein soll. Diese plötzliche Erkenntnis ließ mich erstaunt und andächtig stehen bleiben. Es ist so simpel, es ist so einfach. Stille, absolute Freiheit, eins sein.

Dann war da ein Gefühl von Liebe und Mitgefühl. Ich kann sagen, bis zu diesem Moment wusste ich nicht, was

Liebe und Mitgefühl sind. In diesem Gefühl kann es keine Kriege, nichts Böses geben. Wenn wir in diesem Gefühl leben, ist Frieden auf Erden – ganz selbstverständlich, einfach so, weil nichts anderes möglich ist.

Und dann war da tiefe Dankbarkeit

Diese Liebe entsprang der Gewissheit, dass alles und alle miteinander verbunden sind, weil alles eins ist. Es ist die Gewissheit, dass alles EINEN Ursprung hat, der gleichzeitig alles ist. Darum gibt es keinen Anfang und kein Ende, keine Geburt und keinen Tod: Es gibt nur Gott, diese Liebe. Und dann war da tiefe Dankbarkeit in mir.

Das wiederholte sich dreimal, an drei aufeinanderfolgenden Abenden. Es ist seitdem für mich ganz klar und selbstverständlich: Ich muss nirgendwohin und kann gehen, wohin ich möchte. Ich muss nichts tun und kann machen, was ich will. Ich bin ein Mensch mit Stärken und Schwächen, und alles ist gut, genau so, wie es ist.

Diese Gewissheit ist geblieben. Oft vergesse ich das alles, doch es sind dann Kleinigkeiten, ein Vogel singt, ein Regentropfen fällt durch ein Spinnennetz, die Krokusse sprießen im Schnee, meine Tochter lacht mit meinem Mann – in diesen stillen Momenten ist dann alles wieder da, präsent. Und dafür bin ich wieder unendlich dankbar.

Ich weiß, dass das eine sogenannte Einheitserfahrung war. Früher habe ich manchmal gedacht, ich bin oder werde verrückt, wenn ich für Bruchteile von Sekunden, ein Vorgefühl dieses „Eins-Sein" empfand. Früher hatte ich es auch schon mal erlebt, dass sich die Welt um mich herum auflöste.

Mein Leben hat sich nicht verändert, ist nur anders geworden

Mein Leben hat sich nicht verändert und ist dennoch anders geworden: Ich rege mich zwar nach wie vor über dieses und jenes auf, aber ich spüre tief in mir einen Grund, der von alldem nicht berührt wird. Das führt dazu, dass ich mich schnell wieder abrege, die Dinge dann deutlich gelassener sehe. Ich fühle, weiß, dass in mir eine Kraft ist, die über alles hinausgeht, mehr noch, die alles und in allem ist. Dieser Kraft vertraue ich – und das macht mich frei. Wer auf sich selbst, sein Innerstes hört, der geht einen Weg, und jeder Weg ist in jedem Moment der richtige.

Ein wahrer Mensch zu werden,
das ist der Weg.
Und das ist auch Wachstum.
Und ihr habt alle,
jeder von euch,
dieses Recht in euch,
dieser wunderbare schöne Mensch zu werden.

Hinnerk Syobu Polenski

Ich habe aufgehört zu kämpfen

Marvin, 35, Bauingenieur, keine Kinder, ledig

Bis zu meinem 25. Lebensjahr war ich ein leidenschaftlicher Fußballspieler, dann habe ich darin aber keinen Sinn mehr gesehen und hängte die Fußballschuhe an den Nagel. Fünf Jahre lang tat ich nichts für mich, habe nur gearbeitet. Doch im Laufe dieser Zeit fragte ich mich mehr und mehr nach dem Sinn meines Lebens. Kampfsport wurde dadurch eine neue Leidenschaft. Es dauerte es nicht lange, bis ich auch von Zen hörte. Ich suchte im Internet, wollte mir Zen einmal selbst anschauen. Dann ging alles ganz schnell. Ich ging zu meinem ersten Zen-Seminar. Nach zweimal 25 Minuten Zazen kam der Lehrer zu seinem ersten Vortrag in das Zendo, und da war mir schlagartig klar: Das ist es, hier bin ich richtig. Kurze Zeit später ging ich ins Dokusan und begegnete dem Lehrer unter vier Augen persönlich. Zuvor war uns der Ablauf erklärt worden: Eintreten, Tür schließen, verbeugen im Gassho, zum Lehrer vorgehen, hinsetzen im japanischen Fersensitz und wieder verbeugen, den Namen nennen und eine Frage, ein Anliegen formulieren. Ich weiß noch, auf dem Weg zu dem Dokusan-Raum habe ich mich innerlich vorbereitet, mir eine Frage überlegt. Ich wollte wissen, was ein Zen-Meister denn so alles macht.

Und plötzlich war alles weg

Dann habe ich die Tür vom Dokusan-Raum aufgemacht, die Tür wieder geschlossen und in diesem Moment – „Dong" –

war alles weg. Ich erinnere mich noch, dass ich später vor dem Lehrer saß im Fersensitz. Ich „wusste" genau, dass er „weiß". Dann haben wir uns angeschaut, und er sagte: „Ja, so ist das…" „Ja, ich weiß", nickte ich. Mit dieser ersten Seinserfahrung, im Zen auch Wakaru genannt, begann mein Weg.

Es war ein tiefes Gefühl, schwer beschreibbar. Auf der Ebene dieses Gefühls, da gibt es keine Frage und auch keine Antwort. Es hat viel mit Herz zu tun. Es ist so, als ob man sich selbst begegnet. So würde ich es am ehesten beschreiben. Es ist ein Ankommen. Dieses tiefe Wissen, jetzt bin ich auf dem Weg zu mir nach Hause.

Es hatte nichts mit dem Menschen zu tun, der da vor mir saß, das ist ganz wichtig. Dieser Mensch als Mensch, als Ego-Person war überhaupt nicht da. Und dadurch konnte auch ich die Ebene meiner Ego-Person verlassen und mir selbst, meinem Wesen begegnen. Der Zen-Meister öffnet im Dokusan diesen „Raum". So gesehen ist für mich die Begegnung mit dem Meister wie ein Spiegel, in dem sich das spiegelt, was ich sonst so nicht sehe.

Ich habe erkannt, es geht um die Plattform, um den Raum, in dem wir uns begegnet sind. Ich kenne das auch aus der Begegnung mit anderen Menschen, allerdings nicht mit einer solchen Intensität. Dieser Tiefgang war schon eine besondere Erfahrung.

Ich weiß nicht, wie lange unser gemeinsamer Weg sein wird. Es kann sein, dass er morgen zu Ende ist. Das ist dann aber auch nicht schlimm, denn letztendlich sind wir immer und überall auf demselben Weg. Ich muss meinen Weg weitergehen, um auch alleine auf diese Plattform zu kommen.

Der Raum ist kein Raum mehr

Mit Plattform meine ich – und das ist auch wieder sehr schwierig, in Worte zu fassen –: Du betrittst einen Raum, der kein Raum mehr ist. Auf dieser Plattform begegnet sich eigentlich niemand so, wie wir es kennen. Dort begegnet man sich selbst. Im ersten Moment dachte ich, es hat sich etwas tief in mich eingebrannt, im zweiten Moment wusste ich, es ist etwas freigelegt worden, was vorher schon da war. Ich hatte das Gefühl, ich kann aufhören zu kämpfen.

So begann mein Zen-Weg. Wobei ich sagen muss, dass ich eigentlich gar nicht weiß, was ein Zen-Weg ist. Für mich begann in diesem Moment der Weg zu mir selbst. So würde ich es beschreiben. Unabhängig von allen Äußerlichkeiten ist das ein Weg, der für mich die einzige Chance ist, aus diesem „Ego-Rad" auszusteigen. Ich bin ein lebensfroher Mensch, dennoch hat mir immer der Gehalt, der Sinn, gefehlt.

Ich bin an einem Punkt, an dem ich auch sagen könnte, ich hab ein geiles Leben und könnte es in vollen Zügen genießen. Aber das geht jetzt nicht mehr. Ich habe eine Erfahrung, ich habe etwas „gesehen", „erlebt", ich „weiß", es gibt noch mehr – und das hat mein Leben verändert. Die Qualität des Lebens hat enorm zugenommen, dazu ist noch ein Frieden gekommen, das ist so eine Art Gelassenheit.

Ich lese kaum über Buddhismus oder Zen. Es ist interessant, aber für mich nicht wichtig. Zen ist für mich ja auch keine Religion, sondern eher eine Lebenseinstellung. „Wer bin ich?" ist die einzig für mich relevante Frage.

Ich suche meinen eigenen Weg

Noch weiß ich nicht, wer ich bin, ich bin auf dem Weg und ich weiß, dass ich es herausfinden werde. Dazu gehört auch die Meditation im Sitzen. Dabei war Sitzen für mich der blanke Horror – von Anfang an. Hätte ich die erste Erfahrung im Dokusan nicht gemacht, dann hätte ich sicherlich nicht mit dem Sitzen durchgehalten.

Aber ich lerne, „richtig zu schauen", mich selbst zu „durchschauen". Auch der Schmerz kommt und geht, er geht immer. Ich habe es ausprobiert, mehrfach. Es gibt so viele Dinge, die kommen und gehen. Aber durch das Sitzen stellst du auch fest, dass alles kommt und geht – und diese Erfahrung macht es dann wieder leicht. Durch diese Selbstbeobachtung durchschaust du dich selbst, und so findet Befreiung statt.

Die Hand hat zwei Seiten.
Wer mit dem Verstand schaut,
muss eine Seite nach der anderen betrachten.
Von innen werden beide Seiten als Eins erfahren.
Deshalb ist es zugleich eine Erfahrung
der völligen Leere und der totalen Fülle.

Willigis Jäger

ES ist alles, was IST

Monika, 61, Mutter von zwei Kindern, Oma von fünf Enkeln

Das hier ist der Versuch, etwas auszudrücken, was jeder Einzelne nur in sich selbst erleben kann, so wie er auch alleine sterben muss.

Ich war ein glückliches Kind bis zu meinem vierten Lebensjahr. Da starb meine kleine Schwester im Alter von nur vierzehn Monaten auf tragische Weise. Ich erinnere mich noch genau: Der kleine Körper lag in einem von Nelken umgebenen weißen Sarg, als wir uns von ihr verabschiedeten. Uns vier anderen Kindern sagten die Eltern am Tag ihrer Beerdigung, Engel würden unsere Schwester abholen und in den Himmel bringen.

Vielleicht löste dieses Erlebnis ein Trauma in mir aus, jedenfalls war es der Beginn einer langen Suche nach der Wahrheit. Ich weiß es bis heute nicht wirklich. Diese Tragödie brachte jedenfalls sehr viel Leid in die Familie, ich war umgeben von tiefer Traurigkeit.

Zu dieser tiefen Traurigkeit und Düsternis zu Hause kam noch die strafende Lehre der Kirche. Gott löste bei mir Entsetzen vor dem Tod und neue Hoffnungslosigkeit aus, weil ich für Gott nie gut genug sein konnte, so lernte ich es auch in der Schule. Ich urteilte hart gegen mich, wenn mein Verhalten nicht im Sinne Gottes zu sein schien.

Mit sieben Jahren erlebte ich dann zum ersten Mal kurz vor dem Einschlafen das Gefühl, tief zu sinken und zugleich ganz weit zu werden. Ich bekam Angst und konnte nicht mehr einschlafen. Das ging eine sehr lange Zeit so.

Ich hatte das Gefühl zu sterben, wusste aber, dass ich nicht sterben kann

Zwei Jahrzehnte vergingen, ich war verheiratet und bekam mit Anfang zwanzig zwei Kinder. 1971, nach der Geburt meines Sohnes, hatte ich zum ersten Mal das Gefühl, sterben zu müssen. Dieses Gefühl begann in den Füßen, breitete sich dann im ganzen Körper aus und war begleitet von großer Angst. Sieben Jahre wiederholte sich diese für mich erschreckende Erfahrung, für die es keine medizinische Erklärung gab. Ich bin nie auf die Idee gekommen, dass das auch eine spirituelle Erfahrung sein könnte. Das Beängstigendste aber war, dass mir irgendwie tief in meinem Inneren klar war, dass ich nicht sterben konnte, selbst wenn ich stürbe. Es war so, als ob mir das eine innere Stimme sagte, ohne zu sprechen.

Erst Autogenes Training brachte Linderung. Doch dann geschah etwas, was ich viele Jahre nicht verstand, oder besser ausgedrückt, was viele Jahre innerer Klärung bedurfte.

Die Übungen des Autogenen Trainings werden auf dem Boden liegend ausgeführt. Auch wenn es wieder schizophren klingt, „erhielt" ich „eine Aufforderung" aus dem Inneren, noch einmal von vorne zu beginnen, was ich auch tat. Tiefe Ruhe stellte sich ein, so als wäre ich die Ruhe selbst. Dies wurde vom Auflösen des Körpers in den leeren Raum begleitet. Es atmete sich selbst, die Augen machten „klick". Anders kann ich es nicht beschreiben.

Von diesem Zeitpunkt an gab es mich nicht mehr, gab es „Ich" nicht mehr. „Ich" war zum Wort geworden. Klarheit, Unendlichkeit, Sein. „Es" wurde erlebt, aber nicht von „mir", keine Erinnerung an „mich", die Familie oder sonst etwas, keine Welt, absolut nichts, nur IST. Es gab keine Zeit und plötzlich war alles wieder da. Ich war damals 27 Jahre alt, nach dieser Erfahrung entstand dieses kleine Gedicht:

Ich bin das Pünktchen in der Mitte,
doch nenne es nicht Pünktchen,
ich bin nichts, nirgends und überall,
weil ich erkannte, wenn ich nichts bin,
muss ich ja auch alles sein.

Mein Verstand suchte immer und immer wieder Erklärungen

Nach dieser Erfahrung war acht Tage lang alles wieder „in Ordnung". Es waren acht Tage des totalen Glückseligseins. Doch was war geschehen? Dieses Erlebnis holte ich immer und immer wieder in Erinnerung. Mein Verstand versuchte, die Welt und alles damit Verbundene anhand dieser Erfahrung zu erklären. Warum krank, alt werden und sterben müssen, wenn es einen Zustand gibt, in dem weder Krankwerden, Altern noch Sterben existieren?

Ich erkannte, wenn ich einfach nur BIN, unendliches Sein bin, dann ist alles, was ist, unendliches Sein. Wenn ich die Unendlichkeit bin, ist alles andere auch Unendlichkeit, weil es nur eine Unendlichkeit geben kann, sonst wäre es nicht die Unendlichkeit, sondern endlich. Das Gleiche gilt für das Sein.

Ich hatte vor dieser Erfahrung keine Ahnung, dass es so etwas gibt, und brachte diese Erfahrung auch nicht mit dem wahren Gott, dem Göttlichen in Verbindung.

Die Fragen „Was war das? Gibt es auch andere Menschen, die dies erfahren haben?" ließen mir keine Ruhe. Ich las viele religiöse Bücher, in der Hoffnung eventuell etwas über dieses Thema zu finden. Dann entdeckte ich das Buch „Zen Weg zur Erleuchtung" von Pater Hugo M. Enomiya-Lassalle. Obwohl ich den Gedanken, eine Gotteserfahrung gemacht zu haben, nicht für möglich hielt, weil ich mich für zu schlecht und unbedeutend hielt, war das, was ich in diesem Buch las, doch identisch mit dem, was mir passiert war. Danach las ich das Buch von Pater Willigis Jäger „Gebet des Schweigens". Auch darin wurde eine Erfahrung beschrieben, so wie ich sie erlebt hatte, da gab es dann für mich keinen Zweifel mehr.

Willigis Jäger bestätigte meine Seins-Erfahrung

In dieser Zeit empfand ich eine große, fast schmerzhafte Liebe zu allem und jedem, Streit oder Auseinandersetzungen verzieh ich schnell. So vergingen wieder viele Jahre.

Der Wunsch, Zen zu praktizieren, ausgelöst durch die Bücher von Pater Lassalle, lebte aber weiter in mir. 1996, im Alter von 46 Jahren lernte ich dann eine Frau kennen, die mir die Meditation nahebrachte und auch einen Kontakt zu Willigis Jäger herstellte. Ich fuhr mit meiner Tochter nach Würzburg zum Benediktushof und berichtete ihm von meiner Erfahrung. Ich war erstaunt und glücklich, dass ein katholischer Pater sich mit solchen Erfahrungen auskannte. An diesem Tag bestätigte er meine Erfahrung als Seins-, als Gottes-Erfahrung. Ich wusste jetzt und musste nicht nur glauben, dass es Gott gibt, dass Gott, das Göttliche, existiert, die Existenz ist. Das auch bestätigt zu bekommen machte mich selig.

Ich war erfüllt und glücklich, bis ich 1998 in eine heftige Krise geriet. Ich konnte mich nur auf einen Punkt konzentrieren, auf eine Sache, und dabei doch sehr gut funktionieren. Schreckliche Angst, verrückt zu werden oder die Kontrolle zu verlieren, überfiel mich. Manchmal war es so heftig, dass ich am liebsten in eine Klinik gegangen wäre.

Diese Krise überstand ich nur mit Mühen. Karfreitag 2000 machte ich dann wieder eine beglückende Erfahrung. Ich entdeckte den unendlichen Raum. Was früher mit Selbstverständlichkeit als „Da ist nichts" empfunden wurde, ist genau das Gegenteil. Da ist das Einzige, was ist, unberührbar, unsichtbar, nicht entstanden und kein Vergehen, einfach immer nur DA. In ihm ist alles verbunden und enthalten: Spinne, Haus, Fußboden, Tisch, Schrank, mein Mann, die Kinder – alles war in diesem unendlichen Raum. Der leere Raum IST. Aus mir heraus jubelte es voller Dankbarkeit!

Doch da waren auch wieder die bohrenden Fragen: Wo kommt denn dann die Materie her? Der leere Raum ist nichts, aber umgibt alles. Wenn nichts ist, fragte ich mich, wieso sehen und fühlen wir dann Wesen und Gegenstände? Da ich stets zweifelte, ob das, was in mir zu reifen begann, richtig oder krank war, und weil niemand in mich hineinschauen konnte, versuchte ich, mich bei Pater Willigis durch paradoxe Aussagen mitzuteilen: „Die Hände sind leer, auch wenn sie gefüllt sind, und gefüllt, wenn sie leer sind."

Erfahrung wechselte mit Krise ab

Jedes Mal, wenn ich etwas vollkommen Neues „entdeckt" hatte und glaubte, Frieden gefunden zu haben, bahnte sich schon die nächste Krise an. Im Spätsommer 2003 entwickelte ich einen regelrechten Horror vor der Erfahrung des Seins. Ich wollte nicht „nur Sein" sein, denn ich hatte ja erfahren, dass alles auf ewig im Sein verschwindet. Alle Wesen, die ich liebte und die mir am nächsten standen. Diese Erfahrung löste nachhaltig Angst und Panik aus. Ein Sitzen in der Stille war mir nicht mehr möglich, ich hatte große Verlustangst. Überall war es zu dunkel, zu eng. Ich nahm extrem bewusst wahr, dass sich alles ständig verändert und vergänglich war. Ich fühlte mich wie eine zum Tode Verurteilte, konnte nicht leben und nicht sterben.

In dieser Zeit vertiefte ich mich in ein Wort wie „Mu" oder „Jesus", um Abhilfe zu schaffen, doch daraus entstand eine neue Bewusstseinsveränderung. Als würden wir hinter uns treten, ins Nichts und von da aus die Welt wahrnehmen, so als wäre sie in uns. Kein jemand, keine Uhr, nur „tik-tak, tik-tak, tik-tak", kein jemand, kein Hund, nur „wau, wau, wau". Niemand, der sieht, ein Kaffeefilter, kein Kaffeefilter, nur Sehen.

Immer half mir mein Lehrer, Zen-Meister Pater Willigis Jäger, mit vielen Gesprächen. Alles Belastende wurde im Kloster in Holzkirchen in einem kleinen Feuer symbolisch verbrannt und eine Kerze als Zeichen des Friedens angezündet.

Wir können nur vertrauen, das ist unser Leben, so wie es ist

Wir sind am Ziel, es gibt kein Ziel, jeder Augenblick ist das Ziel, wir brauchen nirgendwohin zu kommen, wir sind schon da, nirgends und überall. Seit meiner Kindheit wollte ich immer besser werden, alles richtig machen, die Angst beenden, richtig leben. Jetzt weiß ich, ich kann nichts tun, es tut sich von selbst, wir können nur vertrauen. Unser Leben ist, wie es ist.

Wir sind das Leben, wie es lebt, nichts ist falsch, wir brauchen nichts zu tun. Nichts tun im Tun. Alles, was zu sein scheint und geschieht, ist bewusstes Sein des Absoluten, dessen, was ist. Äußere Vollkommenheit anzustreben wird uns nie gelingen, weil alle Erscheinungen und Ereignisse nur Teilaspekte der Ganzheit sind.

Ich danke meiner Tochter Heike, die mit mir zusammen diesen Weg gegangen ist. Pater Willigis, Frank und Ulrike Leiber und meine Familie haben mich geduldig ertragen. Dieser Weg ist nicht leicht, aber niemand sucht ihn sich aus. Es ist ein Geschenk, auf diesem Weg Unterstützung, Hilfe und Verständnis zu haben.

Es ist alles in Ordnung, wie es ist. ES regnet, ES schneit, ES weint, ES lacht, ES steht, ES geht, ES schreibt. ES ist alles, was IST ...

Einsicht und Verstehen sind die Wurzeln der Praxis.
Verstehen zu üben heißt, meditieren zu üben.
Zu meditieren bedeutet,
tief in das Herz der Dinge zu schauen.

Thich Nhat Hanh

Leben ist unpersönlich

Sabine, 53, Mutter von zwei Kindern, verheiratet, Halbtags-Sekretärin

Auf „meinem" Weg gab es viele Erfahrungen und Erkenntnisse. Erfahrungen verbunden mit großen und kleinen Gefühlen, da waren Glück, Freude, Frieden. Doch das alles war immer verknüpft mit einem „Ich". Heute ist klar, dieses „Ich", das diese wundervollen Erfahrungen machte, gibt es nicht. Es gibt auch keine Erleuchtung, keine Suche, kein Erwachen, denn das alles setzt ein „Ich", das erleuchtet wird, das sucht, das erwacht, voraus.

Ich hatte seit meiner Kindheit das tiefe Gefühl, „geführt" zu sein. Blicke ich zurück, dann „sehe" ich die Punkte, an denen mein Leben Wendungen machte, neue Richtungen einschlug. Es hat sich oft „einfach so" ergeben. Mir war „irgendwie" immer klar, dass „ich" das nicht bin, die das so gewollt, getan hat. Tief geprägt durch die christliche Erziehung (mit vierzehn Jahren bin ich aus der katholischen Kirche ausgetreten), dachte ich „irgendwie" an eine Art göttliche Führung außerhalb von mir.

Dann las ich eines Tages ein Zitat, das auf Buddha zurückgeführt wurde:

> *„Ergebnisse tragen sich zu. Taten werden getan.*
> *Doch es gibt kein Individuum, das Taten verrichtete."*

Da machte es *Klack*, alles war plötzlich klar: Es gab das Nichts, von dem ich glaubte, das sei „Ich". Dieser Teil ist die Illusion. Es gibt Sabine als Körper, Sabines Verstand – sonst könnten wir alle nicht miteinander leben, uns nicht spüren, sehen, kommunizieren, wachsen. Es gibt Schmerz, Hunger, Gefühle, Gedanken und alles andere. Aber es gibt keine „Sabine" als „Ich", die irgendetwas entscheidet oder tut. ES lebt Sabines Körper, Verstand: „Es gibt kein Individuum, das diese Taten verrichtet." *Klack*!

Wenn ein Ast vom Baum abbricht und einen Käfer erschlägt, grämt sich der Baum nicht und fragt, wie er das hätte verhindern können, und die Käferfamilie klagt ihn nicht an. Was ist passiert? Ein Ast ist vom Baum gefallen und hat einen Käfer erschlagen – das ist alles. Und so ist es immer und überall: Die Sonne geht auf. Das Auto startet. Der Mond spiegelt sich im Wasser. Die Hand hält den Klöppel und schlägt die Glocke. Der Kopf löst ein Rätsel. Die Beine laufen hundert Meter in Rekordzeit.

Da ist kein eigener, individueller Wille. „Ich" treffe keine Entscheidungen, habe keine Schuld, bin nicht besser oder schlechter als andere oder sonst etwas. „Mir" war das plötzlich klar, und in dem Moment fiel eine Zentnerlast von „mir" ab, sodass es sich wirklich wie eine „große Befreiung" von etwas, das mich mein Leben lang gefangen gehalten hatte, anfühlte. Und das war so selbstverständlich, keine Gehirnakrobatik: Es gibt keine Tat, keine Wahl, weil es niemanden gibt, der tun oder wählen könnte. *Klack!*

So wie die Blumen auf der Wiese verschieden sind, sind auch wir Menschen verschieden. Durch dieses Verschiedensein und die Möglichkeit, ebenso unterschiedlich zu handeln, gibt es Bewegung, Wachstum. Das ist aber nicht der Wille eines Einzelnen, das ist einfach etwas, das geschieht. „Ich" sage seitdem oft: „Wille geschieht." Ob es ES heißt, Gott, Wahres Selbst, das Eine oder welcher Name auch immer gefunden wird (von wem eigentlich?), ist letztlich egal. Es ist immer nur diese Kraft, die Liebe, das Sein, das wir sind. Und aus dieser Sicht ist immer alles im Ausgleich, in Harmonie.

Und so gesehen gibt es „mich", „dich", „uns" nicht, ist niemand da, der irgendwas tut. Und diese „Erkenntnis" nahm diese riesengroße Last von mir, die der Verstand auf unsere Schultern gelegt hat. Viele Zentner Groll in Form von Vorwürfen, Selbstkritik, Scham, Anforderungen, Schuld, Stolz, Neid, Eifersucht, Konkurrenz, Müssen, Wollen und auch Haben fielen mit einem Schlag – *Klack!* – ab. Auch „meine" Erfolge, guten Taten, „mein" Besitz und Sein gab es nicht mehr. Da das aber niemandem fehlt, gibt es keinen wirklichen Verlust. Geblieben ist eine Freiheit, Frieden und Kampflosigkeit, die an nichts und niemanden gebunden oder davon abhängig ist. Es gibt niemanden, der/die um irgendetwas kämpfen könnte.

Da ist aber auch immer wieder der Zweifel, der Selbstzweifel. Spinne ich, was soll das denn, das kann ja nicht sein usw. Das ist die Auseinandersetzung mit dem Verstand, dem Widersacher, der diese „Wahrheit" niemals akzeptieren kann. In solchen Momenten ist es auch schade und traurig, dass „ich" darüber mit niemandem sprechen kann. Denn „ich" bin und bleibe ein Mensch mit allen Bedürfnissen, Vorlieben, Wünschen und Fähigkeiten. Der Unterschied ist nur, zu wissen, dass alles, was durch „mich", durch den Körper, Verstand und auch das „Ego" geschieht, etwas ist, das geschieht – und das ist vollkommen unpersönlich. Es gibt mit dem Wegfall der Person keine Wertung, kein Urteil mehr, das ist eigentlich alles. Da ist kein Gut oder Böse – es gibt niemanden, der etwas beurteilt. Und so bleibt die Erkenntnis: Das Leben ist unpersönlich – und eben diese Einsicht birgt eine große innere Befreiung. Das ist sicher nicht das Ende des Weges. Manchmal tauchen Fragen auf: „Ist es das, was im Zen mit Nichts oder auch Leere bezeichnet wird?" „Ist das Erwachen, die ‚große Befreiung', die Erleuchtung?" Aber wer will das wissen?

„Ich" weiß zwar immer noch nicht, wer oder was „ich" bin, aber „ich" weiß zumindest, wer oder was „ich" nicht bin. Und das ist ja schon ein Anfang. Das alles (und noch viel mehr) „steckte" in dem einen, kleinen „*Klack*" als Sabines Augen die Zeilen lasen: „*Ergebnisse tragen sich zu. Taten werden getan. Doch es gibt kein Individuum, das Taten verrichtete.*"

Erkenne die wahre Natur deines Geistes:
Vollkommene Leere, offene Weite.
So ist es.
Doch es ist nicht.

Hinnerk Syobu Polenski

Übung: Zen ist unmittelbare Erfahrung
von Hinnerk Syobu Polenski

Wenn wir eine Übung machen oder etwas trainieren, dann wollen wir ein Ziel erreichen, und dieses Ziel wird von Kopf und Verstand gesetzt. Hier aber geht es um etwas anderes, um eine andere Instanz:

Im ZEN geht es um die unmittelbare Erfahrung.

Setzen Sie sich einmal gerade hin, sodass Sie mit dem Rücken nicht anlehnen. Das bedeutet, dass der Rücken gerade ist, nicht nach hinten oder auch nicht nach vorn gelehnt. Die Hände sind einfach locker in den Schoß gelegt; ergänzend wäre es optimal, wenn die Beine gekreuzt sind, sodass die Knie dabei tiefer als die Hüften sind. Jetzt werden Sie nichts weiter tun, als einmal 60 Sekunden zu sitzen und sich nicht zu bewegen, nichts zu tun.

Eine Minute später:

Was können Sie beobachten? Wie viel denken Sie?
Wie viele Gefühle von Ablehnung und Wunsch-Begehren?
Wie viel Körperempfindungen? Wie viel Stille?

Und noch einmal vielleicht 60 Sekunden still sitzen.

Wer bin ich, wenn ich nicht denke?
Wer bin ich, wenn ich nicht fühle?

Wer bin ich?

Nur 60 Sekunden, nur diese Frage, wer bin ich?

Wieder eine Minute später.

Wir haben gelernt, uns mit den Instrumenten, mit denen wir die Welt erfahren und vermessen, zu identifizieren. Denken und Gefühle werden mehr und mehr in Form von Erinnerung zu dem, was wir als „Das bin ich" bezeichnen. Aber in Wirklichkeit ist dieses gewaltige Konstrukt von Kommen und Gehen, von Gefühlen und Gedanken, die wie Wolken am Himmel vorbeiziehen, ein sehr fragiles Gebilde, hinter dem keine wirkliche Substanz steht. Erst der blaue Himmel und die strahlende Sonne mittendrin, hinter den Wolken, sind das Zentrum und verkörpern unser wahres Wesen.

Wenn wir versuchen, die oben gestellten Fragen mit unserem Verstand zu lösen, dann scheitern wir. Wenn wir versuchen, sie mit unseren Gefühlen zu erspüren, verstricken wir uns. Wenn wir gar nichts versuchen, nur Stille, dann kann uns Gnade zuteil werden und wir sind für immer Leben selbst.

III.

Verwirklichung
im täglichen Leben

Sinnsuche in einem zeitlosen Universum
Von Willigis Jäger

Ich bin ein glücklicher Mensch. Seit meiner Kindheit versuche ich, meinem Leben eine Deutung zu geben, die über das Normale und Gewöhnliche hinausreicht. Denn schon mit sechs Jahren machte ich eine Erfahrung in der Kirche, die mich über das Personale hinaushob.

Ich erfuhr, dass unser eigentliches Wesen nicht unsere Personalität ist. Unsere Personalität ist eine Ausdrucksform unseres tiefsten Wesens. Ich muss also hinter meine Personalität kommen, um zu begreifen, was ich wirklich bin. Meine Person wird eines Tages enden. Ich werde sterben. Aber was ich zutiefst bin, Leben, das wird nicht vergehen. Das wird weitergehen. Ob das Personale weitergeht, spielt keine Rolle. Das Leben geht weiter, nicht die Person, die ich jetzt bin.

Viele Menschen merken das. Sie kommen dann auch hierher zu uns in den Benediktushof, besuchen die Kurse und versuchen, eine wirkliche Deutung ihres Lebens hinter der personalen Eingrenzung zu erfahren. Schnell merken sie aber, dass sich das mit Worten nur schwer beschreiben lässt. Es ist eine Ebene, die mein jetziges Leben als einen Wimpernschlag erscheinen lässt im Vergleich zu diesem universalen und zeitlosen Leben, das ich bin. Zen und Mystik nennen es Leerheit, Gottheit oder Brahman.

Eine ganze Reihe von Menschen, die zu uns in die Kurse kommt, erfährt, dass es eine Ebene gibt, die über das rationale, personale hinausgeht. Und diese Ebene, wenn ich sie erreiche, bedeutet Einheit, Verbundenheit und Liebe. Man erfährt einen ganz neuen menschlichen Standort. Die Beziehung zu den Mitmenschen ändert sich, selbst zu denen, die mir feindlich gegenüberstehen. Ich erfahre eine Basis, die Einheit, Verbundenheit und Liebe erleben lässt.

Diese Erfahrung kann in einem Menschen einfach so aufwachen. Viele sind dann zuerst verwirrt und brauchen eine Deutung. Normalerweise geht man aber einen spirituellen Weg, um diese Ebene zu erfahren. Diese Menschen verstehen und deuten ihr Leben dann anders. Und es schwindet die Angst vor dem Tod.

Es geht darum, aus dem „Ego-Tunnel" herauszukommen

Der spirituelle Weg versucht immer, die Ich-Aktivität zurückzunehmen. Mein Ich macht mich zum Menschen, es ist eine kostbare Gabe, sagt mir aber nicht, wer ich wirklich bin. Nur wenn ich aus dem „Egotunnel" herauskomme, wie der Philosoph Thomas Metzinger sagt, begreife ich mehr von meiner wirklichen Existenz. Selbst für Philosophen und Theologen, die nur die intellektuelle Ebene kennen, ist das schwer zu vermitteln. Wer das wirklich begreifen will, der muss sich auf einen Übungsweg machen, der ihn aus der Ich-Eingrenzung herausführt und ihn den Augenblick tiefer begreifen lässt. Das heißt z. B. dem Atem zu folgen.

Dieser eine Atemzug. Und immer dieser eine Atemzug. Bis nicht mehr das Ich atmet, sondern nur der Atem erfahren wird. Wenn ich eins geworden bin, gelange ich in eine transrationale Ebene. Aber dafür gibt es keine Garantie, es ist ein Übungsweg, den der Mensch geht. Ob er wirklich dorthin kommt, ist eine zweite Frage. Aber selbst wenn er diese Ebene nicht erreicht, gibt ihm der Übungsweg bereits Orientierung und Deutung für sein Leben. Wie stark das geschieht, hängt von der menschlichen Konstitution ab. Manche gelangen schneller und leichter in eine solche Ebene. Manche tun sich schwerer. Es gibt viele Mystiker, die von dieser Erfahrungsebene berichten. Ich habe mit Beatrice Grimm ein Buch herausgegeben „Die Flöte des Unendlichen". Darin berichten Menschen aus Ost und West von ihrer Erfahrung.

Der Weg ist nicht einfach, es gibt Rückschläge, Enttäuschungen und Probleme. Doch schaut man genau hin, dann sind die Enttäuschungen meistens schon vorher da. Das Leben ergibt für viele, ja immer mehr Menschen, keinen Sinn mehr. Sie suchen eine Antwort auf den Sinn dieser paar Jahrzehnte in einem zeitlosen Universum. In ihrem Intellekt haben sie die Antwort nicht gefunden. Dieses Universum soll 50 Milliarden Planeten haben. 500 Millionen sollen ähnlich sein wie unsere Erde. Diese können also Leben beherbergen, gleich wie oder auch ganz anders als auf unserer Erde.

Die Menschen fragen also heute mehr als früher nach dem Sinn unseres kurzen Daseins in einem zeitlosen Universum. Auch die Religion gibt vielen keine befriedigende Antwort mehr. Das führt in eine Sinnkrise. „Warum bin ich eigentlich da?", „Was ist der Sinn dieser paar Jahre?" Der Intellekt gibt mir keine befriedigende Antwort. Ich muss mich auf die Suche machen.

Der stärkste Gegner, Widersacher, ist das Ego, auch die größte Krise wird ausgelöst von unserem eigenen Ego. Von Kindheit an hat unser Ego eine ganz bestimmte Form bekommen. Es ist geprägt von den Eltern, von positiven und negativen Eindrücken, von der Schule, vom Lehrer, von den Mitschülern, geprägt dann im Erwachsenenalter von menschlichen Begegnungen, von Enttäuschungen, von missglückten Erwartungen. Das ist es, was den Menschen so hindert und eingrenzt. Es gibt nur eine Möglichkeit, aus dieser Egoeingrenzung herauszutreten, aus diesem „Egotunnel": das Ich zu überschreiten. Wenn mir das gelingt, erfahre ich das Leben anders, als eine kurzzeitige Erlebnisebene, die ich dankbar annehme.

Menschen suchen verstärkt Wege, um dem Göttlichen zu begegnen

In der heutigen Zeit suchen verstärkt Christen hier im Westen nach Wegen, dieses Ego zu überwinden. Es gibt aber kein „christliches Zen". Es gibt das Zen, und es gibt die christliche Mystik. Es sind zwei Wege, die aus der Egoeingrenzung herausführen auf eine transrationale Seins-Ebene.

Richtig ist aber, dass diese Menschen einen Weg suchen, um dem Göttlichen zu begegnen, um Antworten zu finden auf die Fragen unserer Zeit. Ich kenne aber keinen Gott, der irgendwo sitzt, der Tsunamis, Erdbeben oder Asteroiden schickt und Tausende umbringt. Das ist eine kindliche Auffassung von Wirklichkeit. Ich muss hinter meine Rationalität schauen lernen, um wirklich zu begreifen, wer ich bin. Und das versuchen wir hier in diesem Haus auf dem Weg der christlichen Mystik und des Zen.

Das haben die christlichen Mystiker immer schon erkannt und auch praktiziert. Sehr viele sind im Mittelalter umgebracht worden, weil sie diesen Weg beschritten haben.

Die Religionen tun sich schwer, Menschen in diese Erfahrungsebene zu entlassen. Die theistischen Religionen zwingen die Menschen, in einem personalen Gottesverständnis zu bleiben. Aber die Zeit für eine Neubesinnung ist angebrochen. Ein Christ, der sich der Kontemplation oder dem Zen zuwendet, verliert nicht seinen Glauben. Er übersteigt seinen Glauben. Er kommt in eine Ebene, wo er viel mehr begreift, als der Glaube ihm sagt. Wenn er zurückkommt, interpretiert er seinen Glauben anders. Das konnten die theistischen Religionen immer nur schwer akzeptieren.

Ich muss mich einmal zurückziehen, um auf die Seins-Ebene zu gelangen

Eine Auszeit ist wichtig, denn wenn ich begreifen will – wirklich begreifen will –, wer ich bin, muss ich mich einmal aus meiner Egoaktivität zurückziehen, um auf eine Seins-Ebene zu gelangen, die mehr über mich sagt, als mein Ich mir sagen kann. Dennoch hängt der Weg oft auch von einer persönlichen Veranlagung ab. Manche kommen leichter und schneller auf eine transpersonale Ebene, manche tun sich schwerer, und manche schaffen es überhaupt nicht in ihrem Leben. Aber wer sich auf den Weg macht, findet eine Deutung seines kurzen Lebens in diesem zeitlosen Universum.

Ziel eines spirituellen Weges ist die Sinndeutung meiner menschlichen Existenz. Es gibt drei menschliche Ebenen:

1. Die institutionelle Ebene mit Kirchen, Gemeinschaften und Glaubensbekenntnissen.
2. Es gibt die intellektuelle Ebene mit einer Theologie, Metaphysik und einer Philosophie.

3. Und da ist die mystische Erfahrungsebene, die aus der Ich-Eingrenzung herausführt in ein ganz anderes Begreifen unserer Existenz.

Mit dem Intellekt ist es schwer zu beschreiben, was unser „wahres Wesen" ist. Wir sind zu vergleichen mit einer kurzen Welle in einem zeitlosen Ozean. Die Welle, unser Ich, wird zurückfallen in den zeitlosen Ozean. Aber um das zu erkennen, zu erfahren, braucht man die Übung.

Egal, ob man den Zen-Weg oder den Weg der Kontemplation geht: Beide Wege beginnen mit einem Wort oder einem Laut. Es gilt, eins zu werden mit dem Laut. Wenn ich eins werde mit dem Laut, tritt das Ich zurück. Teresa von Avila sagt, dass es dem Fluss gleicht, der ins Meer fließt. Das Wasser lässt sich nicht mehr unterscheiden. Es gibt nur noch eine Ebene. Auf dieser Ebene gibt es nicht mehr Zen, Mystik, Sufismus, da gibt es nicht mehr christlich, buddhistisch, hinduistisch, islamisch, sondern nur noch diese eine Erfahrungsebene. Es sind alles parallele Wege, die auf die gleiche Erfahrungsebene führen. Für einen muss ich mich entscheiden.

Die neue Bewusstseins-Schulung übersteigt Körper, Geist und Psyche der Menschen von heute

Diese transrationale Erfahrung ist das eigentliche Ziel aller Konfessionen. Sie führt über die Bekenntnisse hinaus. Und wenn der Weg wirklich bis zum Ende gegangen wird, endet er für alle Konfessionen auf dem gleichen Gipfel, auf der eigentlichen Ebene unseres Menschseins, die alles Rationale übersteigt. Wem diese Erfahrung beschieden ist, der weiß, dass Konfessionen nur Ausdeutungen und Wege sind, die auf diese Erfahrung hinführen wollen.

Die transrationalen mystischen Wege, wie sie alle Religionen als dritte und eigentliche Ebene kennen, zeigen eine zeitgemäße globale Spiritualität auf. Ihre Erfahrung lässt alle Dogmen und Bekenntnisse hinter sich und übersteigt letztlich jede konfessionelle Aussage. Sie lehrt einen spirituellen Übungsweg und eine Bewusstseinsschulung, die Körper, Psyche und Geist übersteigen und neu interpretieren. Sie führt in den Alltag, der unser Menschsein charakterisiert, und schenkt unserem kurzen Leben den eigentlichen Sinn. Dankbar zu begreifen, dass wir eine zeitlich begrenzte Welle in diesem zeitlosen ozeanischen Geschehen sind, sollte das Ziel unserer menschlichen Existenz sein. Man kann in der Konfession bleiben, der man sich zugehörig fühlt, wird sie aber neu interpretieren. Oft wurden Menschen, die dies erfahren haben, von den Konfessionen nicht nur ausgeschlossen, sondern auch umgebracht und hingerichtet.

Eine zeitgemäße, transkonfessionelle Spiritualität führt uns in die nächste Entwicklungsstufe unserer Spezies und ermöglicht uns rückblickend auch ein neues Verständnis vom Sinn der Religion. Sie kennt keine Trennung zwischen diesem Seinsgrund und unserer Personalität. Der Weg in diese Erfahrung ist offen für alle, auch für die, die sich keiner Religion zurechnen.

Das Bewusstsein entwickelt sich immer weiter

Die Entfaltung des menschlichen Bewusstseins steht nicht still, sondern schreitet unablässig voran. Wir leben in ein

Mysterium hinein, dem unsere Rationalität keine Deutung geben kann. Bislang haben wir die Wirklichkeit jedoch vor allem mit unserem Verstand und unseren Sinnen erfasst. Die Naturwissenschaft hat mittels Forschung und Analyse in den vergangenen Jahrzehnten ein immenses Wissen zusammengetragen und erstaunliche Erkenntnisse zutage gebracht. Sie hat mit Hilfe der intellektuellen Fähigkeiten des Menschen die äußere Welt analysiert und gedeutet. Immer mehr zwingen uns jedoch gerade die Erkenntnisse der modernen Wissenschaften zu der Einsicht, dass die Wirklichkeit viel mehr ist, als wir sehen, hören und intellektuell begreifen können.

In der westlichen Welt ist die Frage nach dem Sinn des Lebens in diesem zeitlosen Geschehen sehr viel stärker geworden als etwa in der „Dritten Welt", wo man sich ganz stark mit den vordergründigen Lebensnotwendigkeiten auseinandersetzen muss. Es kommt immer stärker die Frage nach dem Sinn des Daseins auf. Immer mehr Menschen versuchen, aus der engstirnigen, egoistischen Lebensauffassung herauszuschauen, um für das Ich einen Standort zu finden in diesem zeitlosen Geschehen.

Ich bin fest überzeugt, wenn wir noch länger leben, wird sich der Mensch weiterentwickeln. Wir waren einmal Affen auf Bäumen. Als der Ostafrikanische Graben einbrach und Ostafrika versteppte, mussten unsere Vorfahren in der Steppe leben. Offensichtlich hat das den Geist angeregt. Ostafrika ist die Wiege der Menschheit. Von da aus haben wir uns über die ganze Erde ausgebreitet. Aber was wir zutiefst sind, sind wir erst seit 120 000 Jahren, sagt die Forschung. Ob der Homo habilis, der Homo erectus, der Homo pecinensis schon Menschen waren, bezweifelt man. Vielleicht der Neandertaler, der den ersten menschlichen Ansatz zeigte. Erst seit 120 000 Jahren sind wir also die Menschen, die wir heute sind. Wir haben uns aus einem magischen Bewusstsein in ein mythisches Bewusstsein und weiter in ein mentales Bewusstsein entwickelt, in dem wir heute leben. Wir werden da nicht stehen bleiben. Ich bin überzeugt, wir entwickeln uns weiter. Weiter in eine transrationale Erfahrungsebene. Unsere Rationalität macht uns zu Menschen – etwas ganz Kostbares. Ist gleichzeitig aber eine Eingrenzung.

Wirklichkeit ist etwas ganz anderes, als unsere Rationalität uns das ständig vormacht. Es gibt heute schon Menschen, die auf einem Weg dahin sind. Vor allem in der westlichen Welt. Für die meisten ist es wichtig, einen Lehrer zu haben. Ich bin sehr dankbar, dass ich einen guten Lehrer hatte. Ein Lehrer, der wirklich Erfahrung hat, kann einen Menschen besser begleiten. Ich kann mich da nur wiederholen: Der Lehrer muss mir helfen, aus meiner personalen, rationalen Eingrenzung herauszukommen, indem er mir einen Übungsweg zeigt, mich auf diesem Übungsweg begleitet, bis ich angekommen bin.

Die wirkliche Beziehung zu einem Lehrer ist keine einseitige personale Beziehung. Sie geschieht auf einer Ebene, die über das Personale hinausgeht. Beide begegnen sich auf einer Ebene, die das Personale nicht ausschließt, aber doch auch übersteigt. Leider fallen manche Lehrer in eine menschliche Beziehung zurück, die einfach das Gegenteil von dem bewirkt, was sie bewirken soll. Man kann den Weg auch alleine gehen, aber viele erreichen dabei nicht die wirkliche Ebene. Ich bin dankbar, dass ich einen Lehrer gefunden habe. Ich wäre ohne ihn nicht da, wo ich bin.

Ein spiritueller Lehrer ist kein Therapeut

Ein Lehrer mit Erfahrung gleicht einem Bergführer, der den Weg auf den Gipfel kennt. Wichtig ist, ein spiritueller Lehrer ist kein Therapeut. Seine Anweisungen haben natürlich oft auch therapeutischen Charakter. Ich stimme mit C. G. Jung überein: „Religiöse Erfahrung ist absolut. Man kann darüber nicht diskutieren. Man kann nur sagen, dass man niemals eine solche Erfahrung gehabt habe, ... aber ich hatte sie. Und damit wird die Diskussion zu Ende sein. Es ist gleichgültig, was die Welt über die religiöse Erfahrung denkt; derjenige, der sie hat, besitzt den großen Schatz einer Sache, die ihm zu einer Quelle von Leben, Sinn und Schönheit wurde, und die der Welt und der Menschheit einen neuen Glanz gegeben hat." (C. G. Jung, Zur Psychologie westlicher und östlicher Religion, Band II, Olten 1971, S. 116)

Die Psychoanalyse des 20. Jahrhunderts revolutionierte die Vorstellung von der menschlichen Psyche. Sie entwickelte heilende Therapien und gab dem Menschen die Möglichkeit zu Deutungen seines Innenlebens. Zugleich brachte sie aber auch die bittere Einsicht, dass wir Menschen nicht Herr im eigenen Haus sind, sondern dass uns unbewusste, archetypische Kräfte wesentlich mitbestimmen.

Für manche Menschen ist es sehr gut, in eine Psychotherapie zu gehen. Aber die Psychotherapie gibt mir nicht die letzte Antwort auf den Sinn meines Daseins. Es kommen viele Menschen zu mir, die eine Therapie hinter sich haben und noch einmal die Frage nach dem Sinn des Lebens stellen.

Das Erwachen liegt jenseits des intellektuellen Begreifens

Der spirituelle Weg, den wir gehen, führt in eine transpersonale Erkenntnis, auf eine Ebene, die über das rationale Begreifen weit hinausgeht. Er lässt Bewusstseinsebenen erreichen, die der menschlichen Ratio unzugänglich sind. Diese „Weisheitswege" führen den Menschen zu einem Erwachen jenseits seines intellektuellen Begreifens. Sie führen zu einer grundlegenden Transformation und zu einem „Erkennen", das die nächste Stufe unserer menschlichen Existenz kennzeichnet. Sie können Geist und Körper entscheidend beeinflussen, woraus dem Menschen Stabilisierung, Heilung und vor allem Deutung des Lebens erwachsen. Sie zeigen aber auch, dass Rationalität und Personalität nicht den letzten Sinn unseres Menschseins deuten können.

Der Mensch erkennt, dass die eigentliche Quelle aller Leiden in der Identifikation mit dem Ego zu finden ist. Das Ich besitzt die Tendenz, seine Sichtweise des Lebens zu verabsolutieren und seinen Ursprung zu vergessen. Es führt in die Welt von Subjekt und Objekt, von Mein und Dein, von Emotionen und Erwartungen. Es kreiert Gedächtnis, Bilder, Gedanken, Vergangenheit und Zukunft. Es verirrt sich leicht in diesen Möglichkeiten.

Wir leben die meiste Zeit unseres Lebens in einer schillernden Seifenblase, in einem Gebilde unserer eigenen Wünsche, Erwartungen und Konditionierungen. Mit der Wirklichkeit haben diese Vorstellungen wenig zu tun. Wie aber kommen wir zur wahren Quelle des Lebens?

Während die traditionellen religiösen Wege eine innere Befreiung von der Welt durch die Loslösung vom Diesseitigen zu erreichen versuchen und das Eigentliche ins Jenseits verlegen, um dort eine unmittelbare Schau des Absoluten, des Göttlichen, der Leere und des Unbekannten zu erreichen, knüpft eine zeitgemäße, integrale Spiritualität an die mystischen Wege des Ostens und des Westens an und stellt das Hier und Jetzt in den Mittelpunkt. Denn im Hier und Jetzt drückt sich das Unbeschreibbare aus, in genau dieser Form, zu dieser Zeit, an diesem Ort. Und da lässt es sich auch erfahren.

Und der Weg dahin ist einerseits sehr einfach, andererseits aber auch sehr schwer. Es gibt eine ganz simple Übung. So simpel, dass man gar nicht glaubt, dass sie wirkt: Ich werde eins mit diesem einen Atemzug. Nicht mehr „Ich atme", sondern nur noch Atem. Es führt mich aus der Egozentrik heraus, die mich so festhält. Diese eine Übung kann reichen für die gesamte Praxis.

Im Erwachen erlebt der Mensch Einheit, Verbundenheit und Liebe

In dem Moment, da der Mensch wirklich durchbricht und aus der Egoumklammerung heraustritt, erlebt er Einheit, Verbundenheit und Liebe. Die Beziehung zu den Mitmenschen wird eine andere, selbst zu den Menschen, die sie gar nicht mögen; und mit denen sie Probleme und Schwierigkeiten haben.

Die mystische spirituelle Praxis, die in einen transkonfessionellen Bewusstseinsraum führt, verändert den Menschen grundlegend: Weisheit, Selbstlosigkeit, Sammlung und moralisches Verhalten wachsen und öffnen das Bewusstsein über das personale Begreifen hinaus. Sie schenkt eine klare Sinndeutung des Lebens und öffnet ein umfassendes Verstehen des Todes. Auch wenn es schwer erscheint, einen solchen Bewusstseinsstand zu erreichen, schenkt doch schon die Erkenntnis, dass unsere Spezies auf dem Weg dorthin ist, die Kraft und Hilfe, aus der fatalen Misere unserer Egozentrik herauszukommen. Schon die Praxis des Weges wird die Qualität unseres Menschseins verändern und eine bessere Zukunft schenken. Aus dieser Erfahrung der Einheit allen Seins rief der Sufimystiker Halladsch aus: „Ich bin der, den ich liebe, und der, den ich liebe, ist ich!"

Eine tiefe mystische Erfahrung führt aus der Versenkung zurück in die Welt und in die Weltverantwortung. Sie führt in die Aktion, ins Handeln und zum Mitmenschen und ist Grundlage einer Ethik der Liebe, die im anderen Menschen sich selbst erkennt. Wir brauchen diese mystische Erfahrung, um die Erde und die Menschen heil in die Zukunft zu bringen. Allerdings hat die Kreativität des Universums auch dunkle Seiten, wie das Massenaussterben, das Böse, die Zerstörungen durch Asteroiden. Aber letztlich sind die immer wieder aufbrechenden, gestaltenden Energien stärker.

Wir Menschen müssen begreifen, dass wir miteinander in Liebe leben können

Ich wünsche der Menschheit, dass sie endlich aus ihrem „Ego-Tunnel" heraus kommt, in dem sie sich immer noch umbringt, wie das seit Kain und Abel der Fall ist. Der beschriebene transkonfessionelle Erkenntnisweg ist im Grunde lebensbejahend und weltzugewandt und eine Quelle für eine echte Erneuerung auf allen menschlichen und gesellschaftlichen Ebenen. Er bietet der Welt die vielleicht letzte Hoffnung auf eine menschenwürdige Zukunft und lässt uns begreifen, dass wir als Menschen einander nicht fremd sind und in Liebe miteinander leben können. Ich möchte meinen Beitrag dazu leisten, den Menschen zu helfen, in diese Ebene zu gelangen, auf der sie ihr Menschsein begreifen.

Christus oder Buddha – da ist für mich kein Unterschied

Heiner, 69, verheiratet, zwei Söhne, Rentner, ehemaliger Priester

Mein Berufswunsch stand mit zwölf Jahren fest. Damals lebte ich in der DDR und las Missionsheftchen, die der Pfarrer aus dem Westen bekam. So war es kein Wunder, dass in mir der starke Wunsch, Priester – genauer: Ordenspriester, Missionar irgendwo in Papua-Neuguinea – zu werden, entstand. Ich hatte so viel darüber gelesen, aber diesen tiefen Wunsch in der DDR zu verwirklichen war ganz ausgeschlossen.

Dann zog meine Familie aus dem Erzgebirge nach Berlin. Ich nahm mit verschiedenen Klöstern und Orden im Westen Kontakt auf und fand endlich eine Möglichkeit der Ausbildung in Hiltrup bei Münster. Über Umwege kam ich dorthin, zunächst nur für einen Sommerkurs. Im Westen hatte ich keine Verwandten, ich kannte nichts und niemanden. Dann sagte mir jemand: „Werde doch Ordensbruder", und das war damals der rettende Strohhalm. Ich war fünfzehn Jahre alt. Es folgten zwanzig glückliche Jahre in dem Orden.

Ich wurde zum Gärtner ausgebildet und legte nach dem Theologiestudium die Meisterprüfung ab. So vergingen viele gute Jahre. Doch dann blieb der Nachwuchs aus und das Kloster wurde verkauft.

In meinem neuen Beruf arbeitete ich mit psychisch behinderten Menschen im Auftrag des Sozialamtes als Werkstattleiter. Wir engagierten uns sehr für Menschen, die am

Rande der Gesellschaft standen. So lernte ich eine Kollegin näher kennen, sie war seit vielen Jahren Witwe. Wir verliebten uns ineinander.

Wir lebten glücklich mit sieben behinderten Menschen zusammen

Eine schwere Entscheidung kam auf mich zu. Ich wollte einerseits dem Orden und dem Beruf nicht untreu werden, andererseits wollte ich bei der Frau sein, die ich aus ganzem Herzen liebte. Ich litt viele Monate, bis sich die Situation immer mehr klärte. Eines Tages fuhr ich zu einer vierzehntägigen Fortbildung. Meine Kollegin hatte schon vorher die Betreuung von zwei behinderten Geschwistern übernommen, deren Mutter im Krankenhaus war. In der Zeit meiner Abwesenheit verstarb diese Frau und meine zukünftige Frau mietete sofort ein Haus an und zog mit den nun verwaisten Kindern dort ein.

Als ich wiederkam, war das alles schon entschieden, es gab plötzlich diese Wohnfamilie für geistig behinderte Menschen, die wir uns als ideale Lebensform immer vorgestellt hatten. Ja, dann sind wir beide zu meinem Provinzialoberen gefahren. Er tobte, schrie und entband mich von den Gelübden. So konnten wir heiraten.

Wir waren keine drei Monate ein Ehepaar, da lebten wir bereits mit sieben behinderten, jungen und älteren Menschen glücklich zusammen. Wir bekamen auch zwei eigene Söhne, die wir uns sehr gewünscht hatten. Es war ein sehr glückliches Leben, bis meine Frau 1999 starb.

Ich betete täglich den Rosenkranz

Ich betete seit Jahren täglich den Rosenkranz. Doch eines Tages bedeutete mir das gar nichts mehr. 1997 bin ich auf eine Meditationsgruppe gestoßen, die mir ein Freund, mein Nachfolger in der Werkstatt für Behinderte, empfohlen hatte. Und da habe ich die Kontemplation für mich entdeckt.

In diesem Kontext lernte ich später auch meine jetzige Frau kennen. Anfangs war es das gemeinsame Interesse an der Kontemplation, daraus wuchs dann eine echte Freundschaft, und im vergangenen Jahr heirateten wir. Mittlerweile bin ich Opa von drei Enkelkindern. Ich habe einen schönen Garten, baue Gemüse an für meine Kinder und für uns.

Kontemplation liegt mir bis heute mehr als Zen, das hängt mit der Sprache zusammen. Die christlichen Texte verstehe ich besser. Das ist keine Wertung. Ich weiß um den Wert des Zen. Aber für mich persönlich ist Kontemplation stimmiger, das hat wohl auch mit meiner Vergangenheit als Ordensbruder zu tun. Ich besuche mehrere Kontemplations-Kurse im Jahr und versuche, jeden Morgen etwas zu lesen, das mir für den Tag einen Impuls gibt. Zum Beispiel lese ich im Moment Jack Kornfield: „Geh den Weg des Herzens". Nachdem ich den Text gelesen habe, zünde ich eine Kerze an, das ist wunderschön. Danach meditiere ich noch vor dem Frühstück etwa 25 Minuten.

Kontemplation hat mein Leben verändert

Diese Praxis ist das Leben. Ich kann das nicht beschreiben. Es ist wie Verliebtsein. Wie ist das? Wenn jemand sagt: „Ich bin verliebt", und er wird gefragt: „Ja, beschreib mir das mal", ist das nicht ganz einfach. Und so ist es auch mit dem, was mir meine tägliche Praxis bedeutet und gibt. Ich würde es am liebsten dabei belassen. Worte verfälschen so viel. Das Unfassbare lässt sich so schlecht fassen.

Auf jeden Fall hat die Meditation, die Kontemplation, sehr viel in meinem Leben verändert. Ich engagiere mich schon immer für meine Mitmenschen, aber mit der Zeit habe ich ein ganz anderes Menschenbild bekommen. Willigis Jäger hat mir mit seinen Büchern sehr geholfen. Gott lebt im Menschen, im Tier und in der gesamten Schöpfung. Auch in der sogenannten unbelebten Schöpfung, die beim genauen Hinschauen gar nicht so unbelebt ist, ein Stein zum Beispiel.

Diese Praxis ist das Leben

Das sind Dinge, Erkenntnisse, Erfahrungen, die mich sehr und tief berühren.

Es ist nicht so, dass ich beim Meditieren wer weiß was für Erlebnisse habe, das ist es nicht. Aber ich habe z.B. ein ganz anderes Verhältnis zu den Pflanzen in meinem Garten entwickelt. Ich spreche auch schon mal zu einer Pflanze. Ich bin ergriffen von diesem Wunder. Das ist eigentlich alles durch die Meditation gewachsen, immer mehr. Aber man muss dabei bleiben. Willigis Jäger sagt: „Wenn ein Pianist einen Tag mal nicht spielt, passiert nicht viel. Spielt er zwei Tage nicht, dann merkt er es schon selbst. Wenn er drei Tage nicht spielt, dann merken es die anderen." So ähnlich ist das auch mit der Meditation. Wenn Verliebte nicht im Kontakt miteinander bleiben, dann versackt die Liebe.

Ich bin gelassener geworden durch die Meditation. Ich bin sehr viel bereiter, das Leben so zu akzeptieren, wie es ist. Es ist nicht so, dass ich keine Probleme mehr habe, aber ich gehe anders damit um. Ich bin bereit, auch unangenehme Ereignisse zu akzeptieren. Ein Kursleiter hat mir mal gesagt: „Es sind alles Gelegenheiten zum Üben, und erst recht, wenn etwas schwieriger wird." Und ich glaube auch, dass ich aufmerksamer bin, mehr darauf achte, was mir von Menschen gesagt wird. Früher hatte ich mehr meinen eigenen Willen: „Das habe ich mir vorgenommen, das wird gemacht." Jetzt betrachte ich vieles mehr als Wink des Lebens, der durch irgendeinen Sprachkanal zu mir kommt. Im Grunde ist alles ganz einfach. Ich kann ehrlich sagen, ich bin sehr glücklich mit dem Leben.

Unser aller Leben hat noch eine andere Dimension

Wenn mich heute jemand fragen würde, was Meditation und Kontemplation ausmacht, dem würde ich sagen: „Es ist gut für den Menschen, zu wissen, dass sich das Leben nicht nur auf die materiellen Dinge, die wir greifen, besitzen können beschränkt. Das Leben hat noch eine ganz andere Dimension. Diese Dimension ist für mich Gott.

Wenn wir uns aber, das ist auch wieder von Willigis Jäger, ein Bild von Gott machen, irgendeinen Begriff von Gott, dann steht dieser Begriff zwischen mir und Gott, und ich bin gar nicht mehr, ich denke, ich hab es, und dabei habe ich nichts. Und deshalb ist es ganz gut, wenn ich sage: die andere Dimension vom Leben. Und diese andere Dimension ist für mich lebenswichtig. Ich will ihr näherkommen, Gott näher sein. Und das kann ich, indem ich einfach den Wunsch aus-spreche: „Ich möchte dir näherkommen." Das ist schon sehr gut. Was mir dabei noch hilft, ist der Weg über meinen Kör-per. Jack Kornfield schreibt: „Mein Körper ist der unmittel-bare Draht zu Gott." Ich versuche nachzufühlen, dass dieser Körper in dieser anderen Dimension ist, oder dass diese an-dere Dimension in meinem Körper ist. Dass der Körper und diese Dimension eine Art Einheit sind. Und indem ich das fühle, bin ich auf einem direkteren Weg zu Gott, als wenn ich mir viele Gedanken mache über diese andere Dimension. Und das ist das, was ich beim Meditieren mache.

Christus und Buddha, das ist für mich kein Unterschied, beide sind nur Menschen, die in anderen Kulturen gelebt haben. Buddha-Bewusstsein und Christus-Bewusstsein ist dasselbe. Nur eben, dass es einer anderen Sprache, einer an-deren Kultur entspricht.

Entwickelt euren eigenen Maßstab.
Das Große, das Göttliche,
das Herz beginnt in euch selbst zu leuchten.
Das ist das Wunderbare,
darin liegt unsere Chance.

Hinnerk Syobu Polenski

Das Himmelreich ist in mir

Siegesmund, 72, verheiratet, zwei Kinder, Coach

Ich meditiere regelmäßig seit meinem 49. Lebensjahr. Der Anfang, meine erste Berührung mit meiner Spiritualität liegt viele Jahrzehnte zurück. Als Gymnasiast, 1958, erwachte ich eines Morgens und spürte eine unglaubliche Freude in mir, eine grundlose Freude. Ich konnte mir nicht erklären, was das war. Am nächsten Tag geschah das noch einmal, aber etwas schwächer, und am dritten Tag danach noch einmal und wieder etwas schwächer, und dann hatte es sich „verloren“. Ich erinnere mich heute noch genau: Das war eine grundlose Freude, eine „himmlische Freude“, die alles einschloss, die ohne irgendeine Bedingung war. Heute weiß ich, dass das eine der Möglichkeiten ist, wie sich das Universelle, das Eine, das Göttliche ausdrückt. Freude ist ein Aspekt der Essenz. Da gibt es ja noch mehr – Freude, Erfüllung, Mitgefühl und Festigkeit, Stärke, Wert.

Ich bin Jahre später immer wieder in Gedanken zu dieser Freude gegangen, aber fand nie eine Erklärung. Fast dreißig Jahre später lernte ich über einen Kontakt von Pater Enomiya-Lasalle Pater Johannes Kopp in Essen kennen. Ich „wusste“ plötzlich: Da ist eine Verbindung zu dem, was ich früher erlebt hatte. Ich begann mit der Zen-Meditation, und schon im ersten Kurs bemerkte ich, diese Meditation ist die Tür zu dem, was ich als Jugendlicher erlebt hatte, eine Tür zu dem Raum der unendlichen Freude. Und seit damals ist für mich dieser Raum, den ich mir damit selbst gegeben habe, sehr wichtig. In diesem Raum kann ich Offenheit, Vertrauen und damit auch Liebe empfinden.

Immer nur Leistung, für die Freude ist da kein Platz

Die Erinnerung daran ist etwas Lebendiges. Das war etwas, was sich nicht wegwischen lässt. Das war etwas, das in mir stattfand, etwas Lebensbejahendes, und es hatte nichts zu tun mit Konsum, Leistung und Druck. Es war eigentlich das Gegenteil von dem Leistungsdruck, der zu meinem Leben nicht so richtig gehörte. Im Beruf ging es immer nur um Leistung, Leistung, Leistung. Und wo blieb die Freude? Die Freude, die mich als junger Mensch so erfüllt hatte? Dafür war kein Platz.

Durch die Meditation fand ich diesen Raum, diesen Platz wieder. Bis dahin war es allerdings ein sehr komplexer Weg. Ich kam über die Kontemplation zum Zen. Sehr schnell kamen große Schwierigkeiten auf mich zu, die ich vorher überhaupt nicht gesehen hatte. Es begann mit dem Koan-Training wie: „Lösche das Feuer in 1000 Meilen Entfernung." Mein Verstand verbog sich, konnte nicht fassen, dass es keine Verstandes-Antwort geben konnte. Gleichzeitig, wenn ich in die Stille ging, kamen Dinge, Erfahrungen, Erlebnisse von früher aus dem Unterbewusstsein hoch. Vieles erinnerte mich an Geschehnisse, die ich tief in meinem Bewusstsein vergraben hatte. Jetzt musste ich mich damit auseinandersetzen. Das war sehr schwer, denn ich wusste zunächst nicht, was da passiert. Das war eine Folge der Meditation, über die nie jemand mit mir gesprochen hatte. So bekam ich recht bald eine Depression, die sieben Jahre andauerte.

Ob ich diese Krankheit auch ohne Meditation bekommen hätte, weiß ich nicht. In diesen sieben Jahren wechselte ich den Lehrer. Aber auch der neue Lehrer gab mir keine Anleitung – so jedenfalls habe ich es empfunden. Er sagte immer nur: „Setz dich auf dein Kissen." Er war wohl der Meinung, dass sich alles, was problematisch ist, auf einem Kissen von alleine löst. Aber das war und ist zumindest bei mir nicht der Fall.

Es kam eine Zeit, da hatte ich mich verloren und wusste es nicht

Es gab eine Zeit, da hatte ich mich verloren – und das Fatale war, dass ich das nicht wusste. Ich hab nur gemerkt, wie mir z.B. im Beruf manchmal die Kräfte versagten. Ich musste mich dann die Treppe hochziehen, weil die Beine einfach nicht mittaten. Damals führte ich diese Schwierigkeiten auf Probleme im Beruf zurück und sah keine Verbindung zu meiner seelischen Entwicklung durch die Meditation. Ich bin alleine durch diese Krise gegangen, obwohl ich einen Lehrer hatte. Und das war zeitweise sehr schmerzhaft. Aber heute glaube ich, Lehrer hin oder her: Letzlich geht der Mensch diesen Weg sowieso immer alleine.

Nach einiger Zeit fand ich einen „spirituellen Freund", bei dem ich auch eine Ausbildung in der Würzburger Schule der Kontemplation gemachte. Dort lernte ich Richard Stiegler kennen. Der Psychologe meditierte Vipassana, was übersetzt „Einsichtsmeditation" heißt. Stiegler hatte eine Methode entwickelt, um Meditierenden wie mir zu helfen: die „Transpersonale Psychologie". Erst zu diesem Zeitpunkt habe ich verstanden, worum es eigentlich geht.

In der Kontemplation und auch beim Zen führt der Weg in die Stille, in die Mitte des Menschen und von da dann oft ganz schnell bis auf den eigenen Grund, wo keine Gedanken mehr sind und gar nichts mehr stattfindet. In der transpersonalen Psychologie gehen wir nicht so tief, es wird vorher Schluss gemacht, nämlich in dem Bereich, in dem Gefühle die Hauptrolle spielen.

So habe ich erst gelernt, mit meinen Gefühlen umzugehen, sie zu sehen, zu akzeptieren, mit ihnen zu arbeiten, sie nicht wegzudrücken, sondern mit, in den Gefühlen zu sein. Das ist ganz wichtig. Wenn ich damals gewusst hätte, dass ich eine Therapie gebraucht hätte, dann hätte ich bestimmt eine gemacht. Aber ich habe es überhaupt nicht gewusst.

Heute versuche ich nicht mehr, die Dinge abzuwehren oder zu schimpfen, wenn etwas nicht so läuft, wie ich es haben will, oder wenn es mich verletzt. Heute frage ich mich: „Was macht das denn mit mir, was tut das denn in mir, was will mir das zeigen?" Ich gehe so auf mein Gefühl ein und wehre mich nicht dagegen. Das ist für mich viel weniger anstrengend und heilsamer als alles, was ich in der Kontemplation oder im Zen durch das Sitzen alleine erreicht habe.

Beides, Therapie und Meditation zusammen, halte ich für den idealen Weg. Viele Menschen wissen einfach nicht, was passiert, wenn sie auf einmal merkwürdige Erscheinungen und Gefühle haben, und können damit nicht umgehen. In dieser Situation kann man sich helfen, indem man es wagt, das Gefühl anzuschauen, zu sehen, was das Gefühl auslöst.

Ein spiritueller Begleiter sollte psychologisch geschult sein

Ich halte es heute für wesentlich, dass der Begleiter nicht nur Zen- oder Kontemplationslehrer ist, sondern dass er in Psychologie geschult ist und mit der menschlichen Seele umzugehen weiß. Dann kann derjenige, den dieser Mensch begleitet, sich wirklich auch anlehnen, wenn es nötig ist. Für mich ist auch wichtig, dass Schüler und Lehrer sich auf Augenhöhe begegnen. Der Schüler muss wissen, dass er sich voller Vertrauen abstützen kann und nicht allein gelassen wird.

Viele Menschen kommen mit Mustern und inneren Konzepten zu den Kursen und erkennen nicht, mit welchen Scheuklappen sie durch ihr Leben gehen. Kontemplation oder Zen können wirklich helfen, das zu erkennen, manchmal aber ist ein Umweg über eine Therapie sinnvoll und nötig.

Aber trotz aller Um- und Irrwege: Zen oder Kontemplation eröffnet mir den Weg in mein wahres Inneres. Jesus sagt, das Himmelreich ist in dir, und da führt es hin.

Wenn Sie ein Glas Wasser trinken,
trinken Sie, trinken Sie einfach.
Trinken Sie nicht Ihre Sorgen oder
Pläne und verlassen Sie die Welt der Gedanken.

Thich Nhat Hanh

Der WEG ist mein Leben geworden

Rike, 67 Jahre, verheiratet, zwei Söhne,
Zen- und Kontemplationslehrerin

Eigentlich hat sich nichts verändert, seitdem ich den WEG gehe, und doch … schon komme ich ins Stocken. Kann ich es ausdrücken, was da ist und wirkt, so still, so machtvoll? Alle Begriffe sind sofort einseitig, missverständlich, sie fixieren, zerstören – und je verrückter und paradoxer sie klingen, umso mehr kommen sie dem näher, was gemeint ist.

Der spirituelle Weg ist mein Leben geworden und war es schon immer. Rückblickend war er der „rote Faden" in meinem Leben. Jetzt wird das Bewusstsein immer klarer: Ich bin dieses Leben in all seinen Veränderungen, in allen Lebensphasen. Ob ich meinen zehnten oder sechzigsten Geburtstag feierte, ob Begeisterung oder Nöte sich ereignen, egal in welcher Lebensphase, egal ob bewusst oder unbewusst. Es klingt überheblich, aber der Ausspruch von Jesus: „Ich bin der Weg, die Wahrheit und das Leben", er wird immer mehr erfahrbare Wirklichkeit. Er gilt auch für jeden von uns.

Auf diesem Lebens- und Erfahrungsweg war und ist mir die aus westlich-christlicher Tradition gespeiste Kontemplation wie eine „Mutter" und das durch östliche Weisheit geprägte Zen wie ein „Vater". Beide Wege, die auf ihre je eigene Weise ins EINE führen, ergänzen und befruchten sich. Durch die Klarheit des Zen hat sich mir die christliche Mystik tiefer eröffnet, Kontemplation brachte die Herzensöffnung und -wärme. Es war, als ob die „Eine Melodie" in verschiedenen Bildern und Worten ertönte und in meinem Herzen die „Eine Wahrheit" weckte, die ich gesucht habe.

166

Wenn ich heute versuche, meinen Erfahrungen Ausdruck zu verleihen, spiele ich diese Melodie auf zwei Instrumenten. Ich wähle den Ton, der die Menschen gerade berührt, der die Begeisterung überspringen lässt. Denn ich weiß bis heute nichts Wesentlicheres, als sich diesem Lebensweg anzuvertrauen.

Unmittelbare Erfahrungen übersteigen jede Vermutung, jeden Glauben

Zu Beginn des spirituellen Weges stellte ich mit Erstaunen fest, dass die Worte der Weisen und Mystiker keine weltfremden Aussagen sind. Dass Wegerzählungen, Mythen und Märchen keine Märchen sind, sondern mit ihren Bildern auf ein konkretes Mysterium unseres Menschseins hinweisen.

Ich merkte, dass es einen Weg gibt, der den Glauben im Sinne von Vermutungen durch unmittelbare Erfahrung übersteigt. Nicht, dass da ein Mehr an Wissen von etwas wäre, aber eine eigenartige Gewissheit – so erstaunlich, so offensichtlich und doch so zart und wenig auslotbar. Diese Herzensgewissheit beantwortete mir nicht im üblichen Sinne meine anstehenden Fragen. Auch nicht die Frage, die mich auf den Weg geführt hatte: „Warum all das Leiden in dieser Welt?" Doch umarmt sie diese Frage zeitweise versöhnlich und lässt mich in die eigene Erfahrung hineinwachsen, dass im Leid Lösung geschehen kann.

Schon früh wurden mir kurze Einblicke wie Lichtblicke in die Tiefe der Wirklichkeit geschenkt. Doch das Verwirklichen, ganz körperlich, ganz seelisch, ganz geistig ist eine lebenslange Sache. Die Wahrheit ist so einfach und doch oft gar nicht leicht zu leben. Sie ist unter so dicken Verkrustungen verborgen. Alte Gewohnheiten und Verhaftungen sind zäh. Gut, wenn in beglückenden Augenblicken auch sie ihr wahres Angesicht zeigen. Das macht gnädig mit sich selbst. Die Verantwortung für alle Dummheiten abzugeben und doch dranzubleiben, das ist wohl echte Lebenskunst.

Dieser Weg war und ist nicht immer ein „Sonntagsspaziergang". Zunächst bedurfte es einer gewissen Eigeninitiative und Bemühung des kleinen Ichs. Dann aber kam spürbar eine neue machtvolle Eigendynamik ins Spiel. Es geht nicht mehr darum, was das Ego möchte. Ich bin es nicht mehr, die sich um Achtsamkeit bemüht. Ein Feuer der Achtsamkeit brach hervor und übernahm die Arbeit. Es verzehrt Täuschungen, löst schmerzhafte Blockaden, drängt weiter und lässt keine Ruhe mehr. Mal stürmisch, mal unmerklich in aller Stille kehrt diese reinigende Kraft alles aus, was dem Fluss des Lebens im Weg steht. Um es mit einem altmodischen Wort zu sagen, es geschieht eine „Läuterung", die so mit keiner anderen Therapie möglich wäre. Dadurch wird es zunehmend leichter, freier. Das persönliche Ich kann diesen Prozess nur mit Verwunderung, Ausdauer und Vertrauen wahrnehmend begleiten und geschehen lassen. Diese Kraft hat ihre eigene Dynamik und Intelligenz. Was wie eine Krankheit aussieht, wie ein „Kreuzweg", wie eine „Ochsentour", ist ein inneres Reinemachen, eine Transformation.

Das wahrnehmende Bewusstsein hat „Zauberkraft"

Irgendwann, wenn ich meinen Ego-Blick ganz zurücknehme, stellt sich heraus, diese Achtsamkeit, dieses wahrnehmende

Bewusstsein ist nicht nur die „Zauberkraft", die Wirkkraft des Weges. Sie IST. Sie ist immer da! Sie ist meine wahre Natur, die Essenz von allem. ICH bin ES. So wie der Fisch sein eigenes Element, das Wasser, zuletzt erkennt.

Das wurde mir klar, als die gewollt gemachte Achtsamkeit vom Kopf ins „Herz" rutschte. Wenn ich in dieser klaren Wahrnehmung bin, die einfach ist, stören selbst die Gedanken nicht mehr. Sie sind ES auch. Sie zeigen sich, purzeln herum und lösen sich wieder auf. Auch sie sind dieses Unbenennbare.

Den Weg erlebe ich wie eine Schwangerschaft mit all den frohen Erwartungen und auch schmerzhaften Wehen. Da gibt es keine halbe Sache mehr, sie fordert ganz. Es ist wie gebärend geboren werden hinein ins Ungeborene meines wahren Wesens, das ich schon immer bin.

Ich habe weiterhin Vorlieben und Abneigungen – das ist so. Jetzt, während ich dies an einem kalten Wintertag schreibe, bin ich nicht begeistert von meinen kalten Füßen und freue mich über eine warme Decke.

Früher, wenn ich nicht schlafen konnte, war ich sehr lärmempfindlich. Das ist mittlerweile anders geworden. Bin ich durchlässig geworden? Bilde ich nicht mehr so viel Widerstand? Ich denke an eine Situation, da ein Presslufthammer mich bald zum Wahnsinn brachte. Direkt unter meinem Schlafraum und gleichzeitig unter dem Fenster, wo meine Meditationsmatte lag. Und dann? Dann öffnete sich mittendrin die Stille.

Aber so etwas zu erzählen, erzeugt das nicht Erwartungshaltungen, die dann eigenen Erfahrungen im Weg stehen?

Der Weg ist großes Staunen,
aber auch verstärkte Sehnsucht geworden

Der Weg hat für mich großes Staunen, aber auch verstärkte Sehnsucht gebracht. Ich durfte kosten und geblieben ist ein stilles Nicht-Etwas, das trägt. Doch wie in einem Labyrinth meine ich auch immer wieder an die Peripherie geworfen zu sein. Das so Nahe ist dann wie verloren – und doch immer da. Viele Vergnügungen sind zu vordergründiger Ablenkung geworden und befriedigen nicht mehr. Allerdings kann sich das durch liebevolle Hinwendung schnell ändern.

Ich weiß jetzt, dass es nicht die spektakulären, großartigen Erfahrungen waren, die mich nachhaltig geprägt haben. Sie machten zwar auf bildliche Weise anschaulich, wie es gerade in mir aussah. Es waren vielmehr die fast unmerklichen Nuancen, die sich in der Übung des Gewahrseins einstellten. Sie wurden zur eigentlichen Lebenshilfe.

Da bekam der Atem plötzlich eine ganz neue, immer feinere Qualität und bildete eine Einheit mit der Achtsamkeit. Die Stille begann zu nähren. Das Nichts verlor seinen zuvor erschreckenden und dunklen Charakter. Da war auf einmal das Erstaunen mitten im Alltag: „Nichts trägt so gut wie das Nichts." Schmerz wurde offensichtlich zu Leid durch Gedanken wie: „Warum ich?", „Wie lange noch?", „Wie kann Gott das zulassen?" Verzweiflung konnte sich im Nu verwandeln, wenn ich mich hineinfallen ließ. Es gibt nur ein Hinein-und-Durch. Das verwandelt. Und doch geht manches ein Leben lang mit, und es gilt, es im Namen einer größeren Weisheit anzunehmen. Es gehört zu mir, aber es ist nicht alles. Oder anders gesehen: Auch das ist das Ein-und-Alles in einer speziellen Verkleidung.

Vielleicht suche ich nicht mehr so sehr Liebe im Außen durch Anerkennung. Ich bin nicht mehr so anlehnungsbedürftig. Liebe hat für mich eine umfassendere Bedeutung gewonnen. Das kommt, wenn die Erfahrung aufscheint, Liebe zu sein. Wichtig wurde für mich, dass ich mir selbst im anderen entgegenkomme. Das macht dem gewohnheitsmäßigen Projizieren allmählich ein Ende, dass der sogenannte andere, dass die Welt an all meinem ganzen Elend schuld ist. Ich schaue zuerst auf mich selbst, bin ICH-SELBST. Ganz bei sich zu sein ermöglicht, ganz beim anderen zu sein. Erstaunlicherweise ist es gerade die „Selbst-Liebe", die das ermöglicht, weil sie alles umfängt, durchdringt und ist.

Ich kann mich mit meinen offenen Fragen aushalten

Allmählich wächst die Fähigkeit, das Bodenlose als weite Offenheit schätzen zu lernen. Sich mit den offenen Fragen auszuhalten und die Dinge auf sich zukommen zu lassen. Auch von meinen Meinungen und den Vorstellungen anderer unabhängiger zu werden und bewertendes Vergleichen aufzugeben bringt mehr Freiheit, so zu leben, wie ich gemeint bin.

All das ist sicher ein lebenslanger Vorgang. Das kleine Ich mit seinen begrenzten Möglichkeiten schafft das nicht. Aber es bekommt „Rückenwind". Die Menschen haben die Anlage, das eingrenzende Bewusstsein zu überschreiten, was mehr Lebendigkeit und Lebensqualität bringt.

Freude und Ergriffenheit begünstigten oft tiefere Erfahrungen. Herausgekommen ist allerdings eine eher klare, mitfühlende Nüchternheit, die täglichen Dinge als Auf-

Gabe bzw. als Be-Ruf so leben zu können, wie sie sind. Aber auch das ist ein Prozess mit so mancher Hürde.

Das Begleiten von Freundinnen und Freunden auf dem Weg wurde mir eine Quelle von immer größerem Verstehen des Weges und zu einem gemeinsamen Lernprozess in gegenseitigem Austausch. Die Weggemeinschaft als bunter Blumengarten – ob Rose, Tulpe oder Veilchen, alle sind wir Blumen, und jede sagt in ihrer vollkommenen Schönheit: Ich bin!

Das immerwährende Jetzt will als Lebendigkeit pur erfahren werden. „Nichts ist egal, alles darf sein." Dieser Satz meines früheren Lehrers hat sich mir tief eingeprägt und ist Lebenswirklichkeit und Übung zugleich geworden. In allem bin ich als das Leben auf dem Weg nach Hause zu mir selbst und doch schon immer angekommen. Die bewusst erfahrenen Momente des Ankommens sind die Kraftquelle zum Weitergehen – und es geht weiter, wird immer weitergehen in zeitloser Zeit.

Das mystische Bewusstsein verweist auf Einheit.
Wer sich eins mit dem anderen erfährt,
kommt zu einer ganz neuen Grundlage für die Moral.
Liebe ist die wahre Wirklichkeit –
und selbst wo sich die Menschen von der Erfahrung
dieser Wirklichkeit entfernt haben,
bleibt sie doch als gestalterische Kraft
der Evolution und der Kulturentwicklung wirksam.

Willigis Jäger

Ich will das Schöne
und auch das Schwere voll berühren

Maren, 49, verheiratet, ein Sohn,
Lebensberaterin und Coach

Ich kannte die Bücher von Thay schon lange, bevor ich ihn zum ersten Mal persönlich traf. Das war 1992 in Berlin. Ich fühlte mich von Anfang an stark zu ihm hingezogen. Überzeugt hat mich letztlich aber seine Sangha, die Gemeinschaft. Er, der Mensch, der Lehrer, hat mich berührt, die Praxis hat mich berührt, aber die Sangha zu erleben, das war schon etwas ganz Besonders. In Plum Village in Frankreich lernte ich Menschen kennen, die achtsam waren. Ich spürte die Energie, die dort durch die Praxis erzeugt wurde. Es hat mich damals tief angesprochen, wie alle miteinander lebten, miteinander umgingen. Letztlich hat mich diese Erfahrung noch mehr überzeugt als die Person Thich Nhat Hanh. Das alles ist nun zwei Jahrzehnte her, damals war ich Ende zwanzig.

Bereits zehn Jahre war ich damals auf der Suche; mit neunzehn lernte ich die erste Meditationsform kennen. Zu dieser Zeit war ich viel unterwegs. Deshalb konnte ich mir lange nicht vorstellen, mich auf eine Sache ganz tief einzulassen. Aber als ich dann das erste Mal in Plum Village war, hatte ich das sichere Gefühl, ganz viele Dinge meines Lebens fügten sich: die Praxis, die mich ansprach, und auch das soziale Engagement, das Miteinander-Leben, die gesellschaftlichen Aspekte.

Die Frage ist: Verkörperst du das, was du praktizierst?

Nach meiner Rückkehr von meinem ersten Besuch in Frankreich gründeten wir in Berlin auch eine Sangha. In den Ferien fuhr ich immer wieder nach Frankreich. Ich sparte Geld, um ein Jahr in der Gemeinschaft dort leben zu können. Ich fand es spannend und großartig, eine Praxis zu haben, in der es weniger um intellektuelles Verstehen geht, sondern ganz stark darum, es selber zu sein. „Verkörperst du das?", lautete die Frage. Die Harmonie, in der du zusammen mit deinen Brüdern und Schwestern lebst, das war und ist das Kriterium, um das es ging und immer noch geht. Wie gehst du mit anderen im Alltag um?

Ich war als Therapeutin in Berlin tätig und hatte das Gefühl, den Menschen so viel sagen zu können. Aber wie ich zu Hause mit meinem Freund umgegangen bin, das sah ja keiner. Aber in dieser Gemeinschaft in Plum Village sahen die Anderen Tag für Tag, wie ich wirklich war, da war kein Verstecken mehr möglich. Das war und ist ganz real. Darum ist es nicht verwunderlich, dass aus dem einen Jahr, das ich ursprünglich in Plum Village bleiben wollte, fünf geworden sind.

Vorher lebte ich „Spiritualität in den Wolken"

Vorher lebte ich Spiritualität sehr „in den Wolken". Die Achtsamkeits-Praxis hat mich geerdet: Wie koche ich, wie spreche ich mit meinem Partner, wie gehe ich jeden Tag durch die Welt – dieses Bewusstsein hat sich sehr verändert.

Ich lernte, die kleinen Dinge des Lebens zu schätzen. Heute kann ich in einem Tag alles finden.

Spiritualität ist heute für mich der Maßstab, mit dem ich ermesse, wie weit ich wirklich verbunden bin an einem Tag. Ich gehe nicht mit Scheuklappen durch den Tag, völlig in Gedanken versunken, sondern ich versuche, ein Gefühl dafür zu haben, was in diesem Moment IST. Ich bin verbunden, habe einen Einfluss und bin in diesem Moment. Egal wie der Tag aussieht, egal ob ich fröhlich oder traurig bin. Ich versuche, das Große nicht aus dem Blick zu verlieren.

Das Große ist das Unbenennbare

Das Große ist für mich das Unbenennbare. Ich weiß, es ist immer mehr als das, was ich da gerade vor Augen habe. Es ist etwas, das ich nur spüren, nur ahnen kann in glücklichen Momenten, etwas, womit ich mich sehr verbunden fühle. Ich bin dann glücklich, in diesem Moment. Es geht immer nur um den Moment. Denn auch durch Meditation wird niemand dauerhaft glücklich.

Wenn ich z. B. einen anderen Menschen verurteile, dann trennt mich dieses Urteil von ihm und damit auch von mir selbst. Das hätte ich vorher nicht als „Unglücklich-Sein" wahrgenommen. Ich habe erlebt, wie durch die Achtsamkeit die Möglichkeit, mich zu verbinden, gewachsen ist. Ich nehme heute sehr viel mehr wahr, was mich trennt. Ich achte auch ganz bewusst darauf, nicht neues Leiden zu schaffen. Ein Beispiel: Jetzt habe ich endlich herausgefunden, wie ich richtig mit meinem Partner reden kann, damit er mich versteht und hört. Und beim nächsten Mal versuche ich, es genauso zu machen, doch dann ist es wieder nicht richtig. Es passt nicht zu diesem Moment. Ich habe gelernt, dass ich offen sein muss, ich kann mich nicht immer nur an dem festhalten, was ich gerade gedacht, erfahren habe, nur weil ich mir wünsche, so sei es auf ewig.

Mein Mann, mein Sohn und ich fahren im Sommer entweder nach Plum Village oder nach Waldbröl. Ich möchte, dass mein Sohn mit dieser Energie hier groß wird. Darum fahren wir auch immer zu den Sommercamps. Ich persönlich wäre lieber in einem ganz stillen Retreat, aber es ist mir wichtig für meinen Sohn, und außerdem bin ich auch sehr gerne mit den Menschen in der Sangha zusammen. Das sind Menschen, die ich zum Teil schon sehr lange kenne – Herzensfreundinnen. In der Leichtigkeit dieser Sangha zu sein ist sehr schön. Diese Art von Praxis mag ich sehr.

Schwierigkeiten gibt es auf jedem Weg

Aus meiner Erfahrung als Coach und Lebensberaterin kann ich sagen, dass viele Meditierende einen sehr großen Anspruch an sich selbst haben. Sie wollen, wenn es um Spiritualität geht, ganz großen Idealen gerecht werden. Dadurch entwickeln sie Anforderungen an sich selbst, die zu hoch sind, sie sind ganz schnell frustriert.

Neulich sagte mir jemand: Wenn man die Achtsamkeitsübungen, die „Silas", annehme, öffne man sich für sein eigenes Versagen. Und das denken viele nicht nur am Anfang. Das macht mich ganz traurig. Sie wünschen, sich für ihre Vervollkommnung und alles Wunderbare zu öffnen, aber dann sehen sie: Ich bin, wie ich bin. Das ist erst einmal schwierig zu akzeptieren, doch damit wird etwas Heilsames in ihnen genährt. Andererseits sehen sie auch die Notwendigkeit, sich für sich selbst zu öffnen, sich wirklich anzuschauen so, wie jeder für sich ist.

Ich glaube, diese Erfahrungen sind für einige ganz, ganz hart. Oft ziehen diese Menschen es dann vor, sich wieder zuzumachen. Dann hilft häufig ein Lächeln, ein Lächeln von einem Sangha-Mitglied, das vielleicht aus eigener Erfahrung weiß, was gerade in diesem Menschen los ist. Lächle dich an, umarme dich, nimm dich an, umarme deine Schwierigkeiten und baue dir kein neues spirituelles Gerüst aus Verurteilung und Leistungsdruck.

Wir fragen nicht: Wie erreiche ich die Disziplin für die Praxis? Sondern wir entwickeln die Freude an der Praxis. So kann ich sie aufrechterhalten und nähren. Und wenn ich diese Freude spüre, dann setze ich mich auch wieder auf das Kissen. Das war für mich immer so ein Schlüssel, gerade am Anfang.

Ich meditiere morgens und manchmal auch abends rund eine halbe Stunde, wenn ich das nicht mache, dann fehlt mir etwas.

Ich hatte auch Krisen, die ich eher als persönliche Krisen erlebte. Es gab aber nie das Gefühl oder den Gedanken, „das Praktizieren bringt mir nichts". Ich bin froh, in einer Tradition zu üben, in der es ganz viele Wege, Möglichkeiten und Methoden gibt, die ich im Alltag leben kann und in die Kinder einbezogen sind. Darüber bin ich wirklich sehr froh. Da ist nichts Exklusives. Wichtig ist nur, wirklich offen zu sein für das, was da ist, für das Leben selbst.

Meditation passt in unsere Zeit, unbedingt!

Meditation passt in unsere Zeit, unbedingt. Innehalten und sich selbst begreifen ist völlig zeitlos. Ganz viele Menschen haben heute das Bedürfnis danach. Mein Mann arbeitet z. B. im Wirtschaftsbereich, und da gibt es einen sehr großen Wunsch anzuhalten, in den Schulen ist das ähnlich. Viele suchen einen Weg, um aus dem Hamsterrad der Leistungsgesellschaft auszusteigen. Das Bedürfnis ist zwar enorm, enorm ist aber auch die Kraft, die das alles immer wieder verhindert. Dabei handelt es sich um eine starke Sehnsucht nach Ablenkung, danach, jede Sekunde zu füllen, nur keine Leere, keine Stille aufkommen zu lassen.

Dabei ist es eigentlich ganz einfach: Meditation hilft mir, wirklich wach zu sein, zu leben, mich nicht von meinen Gedanken, vom Leben abhalten zu lassen. Ich will das Schöne und auch das Schwierige berühren. Diese Wachheit, dieses Geschenk, das Leben zu empfinden, erreiche ich durch die Meditation.

Wir brauchen viele Menschen,
die aus einem höheren Bewusstsein heraus,
aus dem Herz heraus,
die täglichen Dinge entwickeln,
das Leben gestalten.

Hinnerk Syobu Polenski

Die Sonne, der blaue Himmel

Schwester Chau Nghiem (Juwel), 35, Nonne

Ich habe nach meinem Universitätsabschluss einfach gewusst, dass ich einen spirituellen Lehrer und eine Gemeinschaft brauchte. Von meiner Geburt an bis zum Alter von vierzehn Jahren lebte ich in einer christlichen Gemeinschaft, und so hatte ich den Wunsch, wieder in einer solchen Gemeinschaft zu leben. In meinem letzten Universitätsjahr, ich studierte Anthropologie, erzählte mir ein Freund von Plum Village. 1997 fuhr ich dann zum ersten Mal nach Südfrankreich zu Thich Nhat Hanh. Dort nahm ich an einem Retreat teil. Sofort wusste ich, Thay ist mein Lehrer. Ich hatte meine Gemeinschaft gefunden. Trotzdem dauerte es zwei weitere Jahre, bis in mir der Wunsch erwachte, Nonne zu werden. Dieses Bedürfnis musste erst reifen.

Plum Village war für mich ein Ort, an dem ich zum ersten Mal in meinem Leben viele Leute sah, von denen ich das Gefühl hatte, sie sind wirklich glücklich. Wirklich viele Leute waren glücklich – und ich auch. Ich verspürte ein wahres Glücksgefühl und empfand das tiefe, stille Glück, zu Hause zu sein. Eine Zufriedenheit, wie ich sie niemals zuvor in meinem Leben empfunden hatte.

Ich war damals 23 Jahre alt und „wusste", ich konnte wirklich ICH sein und mehr und mehr ICH werden. Vorher glaubte ich, ich müsste so sein, wie die anderen mich haben wollten. Heute weiß ich, dass ich das Leben lebe, das ich immer wollte. Ein Leben mit Bedeutung und in Verbundenheit mit anderen. Ein Leben, in dem ich mithelfen kann, unsere Gesellschaft, andere Menschen und auch Leiden zu transformieren. Ich knüpfe Freundschaften und bin zufrieden.

Der Grund für das Glück war und ist die Achtsamkeit. Jeder praktizierte die Achtsamkeit, wusste, was ihm oder ihr passierte, und war wirklich aufmerksam: Was passiert da, was ist da in mir? Ich hatte in diesen ersten paar Wochen in Plum Village das Gefühl, zu Hause zu sein. Jeder offenbarte in den täglichen Dharma-Talks – Gesprächen in einer Gruppe über die Lehre, die Thay uns vermittelt – so tiefe, ehrliche Dinge über sich. Das waren Erlebnisse des eigenen Leids, Geschichten über die Familie, ihre Angst und Sorgen und auch über die Transformation in der Praxis. Es war besonders und außergewöhnlich. Auf diese Art wurden wir schon nach kurzer Zeit Freunde. Wir sprachen ehrlich und offen miteinander. Es war alles wahr, authentisch. Die Leute waren wirklich „da" in diesem Augenblick. Sie waren nicht abgelenkt durch Handy, Computer oder durch Lesen, sie waren wirklich da – und sie waren wirklich da füreinander.

Der Samen in mir wurde endlich gewässert

Wir hörten die Vorträge von Thich Nhat Hanh, und es war wie eine Explosion in meinem Kopf. Alles fühlte sich für mich völlig wahr an, ich hatte das Gefühl, dass ich es schon lange wusste, es nur nie zuvor gehört hatte. Der Samen in mir war niemals vorher gewässert worden. Er hatte nie die Chance, zu wachsen. Aber als ich Thich Nhat Hanh hörte, war es so, als würde mein Durst nach langer Zeit endlich mit Wasser gelöscht. Es war wie nach Hause zu kommen. Endlich!

Ich lebe jetzt seit drei Jahren in Deutschland. Ich mag dieses Land und die Menschen, die zu uns kommen, sehr. Sie sind sehr konsequent und möchten wirklich praktizieren. Sie praktizieren mit viel Energie und Zeit die Achtsamkeits- übungen. In Deutschland ist die Erde gut für den spirituel- len Samen. Er wächst sehr leicht, es gibt eine große Offen- heit für den Buddhismus. Die Menschen sehen, dass sich viel verändern kann, nicht nur in ihrem Leben oder im Leben ihrer Familie, sondern auch in der Gesellschaft. Und dazu ist es nicht nötig, Nonne oder Mönch zu werden. Es gibt viele Laien, die in ihrem alltäglichen Leben ernsthaft praktizie- ren. Sie meditieren jeden Tag und üben die Achtsamkeit in ihrem Alltag, in ihren Beziehungen. Ohne die Achtsamkeit wüsste ich nicht, wie die Menschen überleben können.

Wir sprechen mit den Menschen, wenn sie Fragen oder großes Leid haben. Wir sind eine Gemeinschaft, wir sind keine individuellen Lehrer. Ich leite Kurse und Retreats wie die anderen Dharma-Lehrer und -Lehrerinnen auch. Es ist die Sangha, die Gemeinschaft, die den Menschen hilft. Sie hilft bei der Transformation. Wir Lehrer und Lehrerinnen kümmern uns auch um die Mönche und Nonnen. Thich Nhat Hanh ist unser aller Lehrer.

Klar ist es auch für mich ein Thema, eigene Kinder zu haben

Ich leite überall auf der Welt Retreats und Seminare, mein Schwerpunkt sind Kinder, Jugendliche und besonders Fami- lien. Ich mag Kinder sehr gerne, habe aber keine eigenen. Das ist jetzt für mich ein Thema. Wenn ich eigene Kinder

haben möchte, dann ist jetzt die Zeit, mich dafür zu entscheiden. Ich sehe aber auch, dass dieses Leben hier sehr
schön ist. Ich kann so viel tun, helfen, mithelfen. Das kann
ich nur, weil ich keine eigene Familie habe. Ich kenne viele
Menschen mit Kindern und Familie, aber ...

Bis heute hatte ich noch nie das Gefühl, keine Nonne
mehr sein zu wollen. Sicher gibt es immer schwierige Momente. Aber das sind die besten Momente für die Praxis.
Wenn ich zurückschaue, stelle ich fest, dass es gerade diese
schwierigen Momente waren, die mir tiefe Einsicht und
Transformation gebracht haben. Ich bin dankbar für diese
schweren Zeiten, denn ich hatte und habe immer das Gefühl,
dass die Gemeinschaft mich unterstützt. Die Praxis ist für
mich mein Anker, und auch wenn ich unter Schmerzen oder
Verwirrungen litt, konnte ich mit der Praxis der Achtsamkeit, mit dem Bewusstsein meines Körpers, meines Geistes,
in der Meditation immer weitergehen. Ich spürte stets einen
festen Grund.

Kontrolle über die Zukunft ist unmöglich

Es gab auch in meinem Leben Momente des Konflikts mit
anderen. Ich konnte ihr Handeln nicht verstehen und sie
meines nicht. Es gab viele Verletzungen auf beiden Seiten.
Auch mir passierte das, was im Alltag vieler Menschen relativ
häufig geschieht. Wir leiden, weil wir nicht verinnerlicht haben, dass wir kein getrenntes Selbst sind. Wir denken, wir
wären ein getrenntes Selbst, dass Dinge zu uns gehören, und
wir haben unser Ego und unsere Wünsche und unsere Nicht-
Wünsche und halten Dinge für fest und solide, doch sie sind

vergänglich. Wir möchten Kontrolle über die Zukunft, was unmöglich ist, und über die Menschen in unserem Leben. Und wir haben Schwierigkeiten, die wichtigsten Lehren Buddhas in die Praxis umzusetzen. Aber das ist der Pfad. Jeder muss viel üben.

Es fehlt oft an Geduld. Aber wir müssen auch eine gute Praxis kennen, wir müssen einen Weg kennen, einen guten Lehrer und eine Gemeinschaft haben. Es wird immer Schwierigkeiten geben und Momente, in denen wir nicht praktizieren möchten. Und gerade das sind die Augenblicke, in denen wir die Praxis besonders brauchen. Wir brauchen dann eine Gemeinschaft, die für uns da ist, die uns hilft, zurückzukommen in die Praxis des Atmens und des Körpers. Das sind die drei Juwelen und unser Glauben. Das ist unser Weg. Wir halten daran fest. Das ist unser Boot im Ozean. Und ist der Ozean aufgewühlt, so bleiben wir im Boot und fallen nicht heraus.

Ich bin glücklich. Nicht immer, aber immer mehr und mehr. Es gibt tiefe Wurzeln. Ich bin fest verankert, wenn etwas Schlimmes oder Trauriges passiert. Auch dann habe ich das Gefühl, es gibt etwas unter mir, das mich trägt. Mein Glück ist fester und tiefer.

Kinder orientieren sich an ihren Eltern

Kinder machen sich weniger Gedanken und Sorgen als die Erwachsenen. Es ist leichter für sie, präsent zu sein. Die Praxis spricht sie deshalb an. Aber Eltern sollten auch selbst praktizieren, es ist nichts, was sie ihren Kindern geben können, ohne nicht auch selbst zu üben. Für die Kinder sind die

Eltern das beste Beispiel. Sind Mutter und Vater durch die Praxis der Achtsamkeit glücklich, dann können sie das mit ihren Kindern teilen. Wenn Kinder lernen, mit ihrem Leiden selbst umzugehen, wenn sie lernen, wie sie Leid abgeben können, indem sie tief atmen, still liegen und entspannen, dann können auch sie den Stress loslassen. So beginnt für mich der Frieden in der Welt. Das ist revolutionär. So helfen wir der nächsten Generation, im Frieden zu leben.

Ich bin fest davon überzeugt, dass Spiritualität in diesem Jahrhundert wachsen und für viele Menschen wichtig werden wird. Die Menschen müssen offener sein, sie müssen! Wir, die menschliche Rasse, werden nicht überleben ohne das spirituelle Leben. Noch sehen wir das nicht klar – noch nicht. Wir sehen nicht, wie ernst die Lage ist. Wir sehen nicht, wie sehr wir uns fürchten.

Wir brauchen eine neue „Psychologie der Freiheit"

Wir müssen unsere Gesellschaft fundamental verändern. Es geht in der bisherigen Weise nicht mehr weiter. Für uns, für unsere Kinder wird es sonst keine Basis mehr geben. Das hat gar nichts mit Buddhismus zu tun. Das, was wir praktizieren, kann auch als „Psychologie der Freiheit" gelehrt werden. Und damit können die Menschen ein Niveau erreichen, auf dem sie anfangen, alle füreinander zu sorgen. Wir brauchen jedes Tier, alle Pflanzen. Die Zerstörung der Erde, die globale Erwärmung usw., das alles geschieht, weil viele Menschen noch kein Bewusstsein haben. Viele haben ihr eigenes Leiden, und so ist es natürlich, dass sie auch Leiden um sich herum kreieren.

Ich habe – wie viele hier – die Vision eines Planeten, auf dem wir friedlich zusammenleben. Auch Buddha wollte das spirituelle Leben. Deshalb ist es aus meiner Sicht so wichtig, dass viele Menschen Achtsamkeit praktizieren. Für mich ist Meditation, da zu sein mit dem, was ist: offen, wach. Wir müssen nichts sein, nicht nett oder friedvoll, sanft. Wir müssen keinem Bild, keiner Rolle gerecht werden. Es reicht, wenn wir einfach da sind. Dass ich da bin, wenn ich Ärger habe, dass ich schaue und akzeptiere, dass ich Ärger habe. Ich meditiere und bin wach. Ich bin ärgerlich. Das ist meine Realität. Das zu akzeptieren und es nicht wegzudrücken, darum geht es.

Das Leben ist wirklich schön und freudvoll, es gibt so viele schöne Dinge zu genießen. So ist Meditation für mich auch lustig. Es macht Spaß, wachsam zu sein. Es ist nicht einfach nur eine Arbeit, wir können, dürfen entspannen und genießen. Ja, da sind zwar die Probleme der Erde und die Sorgen um die Zukunft, aber es ist sehr wichtig, dass jeder Mensch „sein" Leben jetzt und hier findet. Es gilt, Freude zu entwickeln an dem, was wir machen, die kleinen Dinge zu sehen: die Sonne, den blauen Himmel.

Solange wir den anderen nicht wirklich verstehen,
können wir ihn oder sie auch nicht richtig lieben.
Das Wesen der Liebe ist Verstehen;
ohne zu verstehen können wir nicht lieben.

Thich Nhat Hanh

Zen ist das, was mich führt

Fuzan, 53 Jahre, verheiratet, zwei Kinder,
Mönch und Heilpraktiker

Seit 1992 praktiziere ich Zen. Als Autodidakt begann ich mit
Meditation, die ich zunächst nur aus Büchern kannte. Mir
gefiel die direkte Möglichkeit im Zen, ganz direkt in mich
„hineinzukehren". Dazu brauchte ich nur eine einfache
Technik, nämlich die der Beobachtung meines Atems. Sechs
Jahre hatte ich keinen Lehrer. Ich suchte damals zwar im
Telefonbuch einen Zen-Lehrer, habe aber keinen gefunden.
Über die Zeitschrift „Dao" bekam ich dann Kontakt zu dem
Soto-Meister Baker Roshi. Im „Dao" sah ich ein Bild von
ihm und fühlte mich magisch angezogen von diesem Men-
schen. Er hatte damals ein buddhistisches Zentrum im
Schwarzwald, und ich nahm an einem Anfänger-Sesshin teil.
Dort begegnete mir zum ersten Mal ein „echter" Buddhist.
Das war der damalige Leiter des Johanneshofes. Er war ver-
heiratet und trotzdem Mönch. Dass dies möglich ist, war für
mich völlig neu und faszinierend. Ich hatte schon lange den
Wunsch, Mönch zu werden, dachte aber, das sei nur möglich, wenn ich in ein Kloster ginge.

Schon als Kind suchte ich einen spirituellen Weg. Ich
wurde katholisch erzogen und lebte in einem kirchlichen In-
ternat – das war keine schöne Zeit. Ich wollte immer heiraten und auch Kinder haben, ich wollte aber auch immer als
Mönch leben. Diese Kombination war im christlichen Bereich nicht möglich. Als ich dann erlebte, dass ein Mönch
und eine Nonne im Buddhismus verheiratet sein können,
war das für mich wie eine Offenbarung.

Ich wollte meine Frau und die Kinder
nicht verlassen

Damals befand ich mich in einer sehr schwierigen Situation, einer echten Krise. Ich stand kurz davor, die Familie zu verlassen, um irgendwo in einem Kloster zu leben. Aber die Verantwortung hielt mich davon ab. Natürlich auch die Liebe zu meinen Kindern und meiner Frau, mit ihr bin ich heute seit 27 Jahren verheiratet und seit 31 Jahren zusammen. So einfach die Koffer zu packen und in ein Kloster zu gehen fand ich nicht fair. Und da erlebte ich, dass beides möglich sein kann: Familie und Mönch sein.

Es ist relativ einfach, in einem Kloster zu leben. Es gibt feste Tagesabläufe, denen die Mönche und Nonnen folgen müssen. Sie brauchen sich keine Gedanken zu machen – und das lockte mich. Aber dann habe ich mir gesagt: „O.k., der Tempel ist ja nicht ortsbezogen. Ich bin selbst das Kloster." Konkret bedeutet das, dass ich zu Hause wie im Kloster lebe. Die Familie ist nicht in meine Praxis involviert. Meine Kinder und meine Frau praktizieren kein Zen. Ich stehe morgens, wie im Kloster üblich, um 4.30 Uhr auf und sitze dann ab 5 Uhr zweimal 40 Minuten, dazwischen mache ich immer wieder zehn Minuten Kinhin, die Gehmeditation im Zen. Dann vollziehe ich die Mönchsrituale und rezitiere die vorgeschriebenen Sutren – wie im Tempel. Danach gehe ich runter zum gemeinsamen Frühstück. Ab dann integriere ich die Praxis, die Achtsamkeit also, in mein „normales" Leben. Bei uns gibt es lediglich beim Frühstück kein Radio und auch keine Unterhaltung, ansonsten ist alles wie in jeder anderen Familie auch.

Ich bin Mönch, Mensch und Heilpraktiker, da gibt es keine Trennung

2001 wurde ich Laien-Mönch bei Zen-Meister Baker Roshi. Seit 2005 bin ich Mönch, arbeite als Heilpraktiker und beziehe meinen Buddhismus in meine Behandlung mit ein: Himmel, Mönch und Erde sind auch da eins. Die Achtsamkeit ist immer da. Zen und Reiki sind für mich in meiner Behandlung eine tolle Kombination. Ich kann nicht sagen, jetzt bin ich Mönch, jetzt Mensch, jetzt Heilpraktiker – das verschmilzt. Auch im Kloster arbeiten die Mönche tagsüber.

Abends praktiziere ich normalerweise auch das Abend-Zazen, aber nicht immer. Familienleben gibt es oft stattdessen. Hin und wieder schaue ich auch Tagesschau, mich interessiert die Welt – ich bin ja ein Mensch, der in dieser Welt lebt. Ich vertrete keinen Hardcore-Zen, das Leben soll Spaß machen. Der Buddha sagt, wir sollen den mittleren Weg gehen, und das macht mir Freude. Extreme mag ich nicht. Ich trinke auch mal Alkohol, das gehört zum Menschsein dazu, aber nie vor dem Zazen.

Ich trage meine Mönchskutte nur in der Meditation oder wenn ich ins Kloster fahre. Wenn ich arbeite, trage ich ganz normale Kleidung. Ich lebe aber auch privat ein eher mönchisches Leben. Ich bin ein Einzelgänger, habe wenige Freunde. Ich habe auch wenig Freizeit. Ich bin Mönch und Heilpraktiker, da bleibt nicht viel Zeit. Ich lebe in einem kleinen Ort, in dem ich von den Menschen respektiert werde. Meine Patienten, die Leute, die zu mir kommen, sind für mich meine Freunde. Ich bin glücklich, unbedingt. Meine Familie ist auch glücklich mit diesem Leben. Die Kinder mögen es, einen Papa zu haben, der nicht so ist wie alle.

Akzeptieren, wie es ist, bringt Heilung

Krisen gab es zwar, sie werden aber immer weniger. In einem Rohatsu ging es mir mal ganz schlecht. Alles tat mir weh, ich glaubte wirklich, sterben zu müssen. Noch fünf oder sechs Atemzüge, dachte ich, dann sterbe ich. So beschissen ging es mir. Dann, in dieser schier ausweglosen Situation, akzeptierte ich auch die Tatsache, gleich sterben zu müssen. In diesem Augenblick hat sich alles dramatisch verändert: An die Stelle der Angst trat die Liebe. Die Leute und Tätigkeiten, die ich vorher gehasst hatte, liebte ich auf einmal. Dieser Zustand hat mein ganzes Leben verändert. Seitdem bin ich offen. Ich weiß, dass wir alle den Zustand, in dem wir sind, ganz und gar akzeptieren müssen. Das sehe ich oft auch bei meinen Patienten. Ich behandele häufig schwer kranke Menschen. Wenn sie ihren Zustand, die Krankheit, voll und ganz akzeptieren, können durchaus Wunder, kann auch Heilung geschehen. Die Situation kann nicht mit Aktivität verändert werden. Nichts zu tun ist natürlich fatal, das meine ich nicht. Aber die Erkrankung anzunehmen ist die Herausforderung, und damit zu LEBEN. Kein Kampf mehr. Wer krank ist, kann nicht auch noch kämpfen. Heil werden bedeutet, dass die Seele heil wird – und dann ist auch eine körperliche Heilung möglich.

Rationales Denken sollte nicht im Vordergrund stehen

Das rationale Denken sollte nicht so im Vordergrund stehen. Es ist ein wunderbarer Genuss, im Kloster den Tag strukturiert zu haben, man braucht nicht nachzudenken, das hat eine ganz eigene Qualität. Das wünsche ich manchmal den Menschen in der Alltagswelt. Das ist Freiheit. Regeln und geregelter Ablauf schaffen aus meiner Sicht Freiheiten, denn ich brauche nicht mehr nachzudenken. Ich kann es einfach tun. Dann kann ich achtsam sein, das ist Freiheit für mich. Disziplin und auch die erst strenge Form in Zen sind dazu da, Freiräume zu schaffen im Kopf, um achtsam sein zu können. Ich brauche nicht mehr darüber nachdenken, was ich als Nächstes tun soll, alles ist geregelt. Ich kann achtsam bleiben, muss nicht denken – und darum geht es letztlich ja.

Für mich ist Zen auf jeden Fall zeitgemäß, weil Zen zeitlos ist. Für mich ist Zen mein Leben, es ist das, was mich durch das Leben bringt, was mich führt. Wir müssen nicht aktiv die Welt retten. Wir müssen nichts tun. Ich habe die Erfahrung gemacht, dass ich die Welt nur ändern kann, wenn ich mich selbst ändere. Wenn ich an mir arbeite, achtsam bin, jeden Atemzug genieße, dann ändere ich mich und damit ändert sich die Welt. Früher war ich sehr laut, dann lernte ich die Stille kennen und jetzt kann ich die Stille weitergeben.

Die Leere ist Durchgang,
aber nicht Ziel.
Ziel ist immer Leerheit und Form,
wie es im Zen heißt.

Willigis Jäger

Übung: Nur atmen
von Willigis Jäger

Nur atmen

Es gibt eine ganz simple Übung.
So simpel, dass man gar nicht glaubt, dass sie wirkt:

Ich werde eins mit diesem einen Atemzug.

Nicht mehr „Ich atme", sondern nur noch Atem.
Diese Übung führt mich aus der Egozentrik heraus, die mich
so festhält.

Sie können bei dieser einen Übung bleiben – ein Leben lang.

Anhang

Meditation zu Hause

Besonders für Anfänger ist es hilfreich, einen eigenen Platz für die Meditation in der Wohnung zu haben. Damit gebe ich mir und der Meditation eine eigene Wichtigkeit, wertschätze mich und diese Zeit, die nur für mich ist. Es ist nicht nötig, einen Buddha oder eine andere Figur an diesen Ort zu stellen. Es sollte jedem bewusst sein, die Figur, Statur, das Symbol ist letztlich nichts anderes als das, was ich in meinen Gedanken daraus mache.

Eine Pflanze, frische Blumen oder auch eine Schale mit Sand und Räucherstäbchen geben diesem Raum, diesem Platz eine zusätzliche Bedeutung und erhöhen den Frieden dieses Ortes – das ist für jeden schnell spürbar. Die Stille kann sich entfalten. Klarheit in Form von wenigen, ausgesuchten Gegenständen ist der Spiegel einer inneren Klarheit, die an diesem Platz Raum bekommen soll und wird. Oft ist es so, dass sich dieser Ort im Laufe der Zeit doch noch ein paar Mal verändert.

Es handelt sich um einen Platz speziell für mich. Hier bleiben Kinder, Ehepartner, Freunde, Hund und Katze draußen. Mindestens einmal am Tag für 25 Minuten ist dieser kleine Raum dann nur für mich da. Der Dachboden ist dabei besser geeignet als der Raum neben dem Kohlenkeller. Frei, luftig und aufgeräumt sollte er sein. Ein Fenster ist gut, der Blick in die Natur wunderbar. Es reicht auch ein abgetrennter Teil des Wohnzimmers oder eine Ecke im Arbeitszimmer. Wenn es gar nicht anders geht, dann räumt man Matte und Kissen abends schon an die dafür vorgesehene Stelle und verstaut alles tagsüber in einem Schrank.

Als Basisausstattung dient ein Meditationsfuton oder eine Yoga-Matte von etwa 90 mal 90 Zentimetern und ein Meditationsbänkchen oder -kissen. Wer nicht so viel Geld ausgeben möchte, der kann sich die Matte auch aus einem 80 mal 80 Zentimeter großen, dicken Schaumstoffstück selbst machen, ein schwarzes oder dunkelblaues Kopfkissen aus Baumwolle darüberziehen, und fertig ist das „deutsche Futon". Meditationsbänkchen und -kissen sind relativ günstig zu bekommen. Wer nach einigen Wochen spürt, merkt, wie gut die Meditation tut, der kann dann immer noch zur Profi-Ausstattung wechseln.

Die richtige Haltung hilft, den Geist zu beruhigen

Aus Japan kommt der „Seiza", der traditionelle Fersensitz. Für uns ist der Seiza nicht so bequem. Besser ist es, auf einem Holzbänkchen zu sitzen, die Knie und Unterschenkel unter dem Sitz, oder rittlings auf einem der eigenen Größe angepassten Kissen, das ist der sogenannte burmesische Sitz. Der Lotussitz ist zwar die klassische Meditationshaltung im Zen wie im Yoga, doch für die meisten von uns Mitteleuropäern ist er eher ungeeignet.

Das Sitzen auf einem Stuhl mit Keilkissen ist auch eine Alternative. Hierbei sollte der Rücken auch gerade, die Sitzhaltung sollte fest und nach einiger Eingewöhnung angenehm sein. Die Knie sind immer tiefer als die Hüfte. Rücken und Kopf sind gerade, die Schultern entspannt. So ist die

Wirbelsäule aufgerichtet, die Lunge ist frei, der Körper im Hara zentriert. Ohne besondere Anstrengung fließt die Energie leicht durch den Körper. Die Hände liegen unter dem Bauchnabel ineinander. Das ist die äußere Haltung des Zazen.

Der Sinn, unbewegt zu sitzen, liegt auch darin, aufzuhören, hinter irgendetwas herzulaufen, bewusst anzuhalten – auch körperlich. Dann fällt es leichter, auch im Geist ruhig zu werden, den Gedankenstrom langsamer fließen zu lassen. Die Augen sind entweder geschlossen oder halb offen, der Blick ruht dann ca. 1,5 Meter weiter vorne auf dem Boden. Der Atem fließt ruhig durch die Nase ein, durch den leicht geöffneten Mund aus. Es sind keine Atemgeräusche zu hören.

Ist man so eingerichtet, kann die Meditation beginnen. Es empfiehlt sich, am Anfang die Zeit auf einem Wecker oder dem Handy einzustellen, später kann es sinnvoll sein, einen sogenannten Meditations-Timer zu kaufen oder sich schenken zu lassen. Dann wird die Meditation auch zu Hause leise eingeläutet und mit dem Klang einer Klangschale beendet.

Die Zeit nach dem Aufstehen ist optimal

Alle Meditationslehrer empfehlen die Zeit nach dem Aufstehen (d. h. nach dem längsten Schlaf am Tag), um zu meditieren. Für die meisten Menschen ist das der frühe Morgen, unmittelbar nach dem Aufwachen. Zwischen Aufwachen und Aufstehen sind wir noch empfindsam und frei von den vielen täglichen Belastungen. Es besteht dann noch eine feine Verbindung zu den tieferen Ebenen des Bewusstseins. Deshalb ist dieser Zeitpunkt am besten geeignet, um Zen zu üben.

Nach Feierabend ist auch eine gute Zeit, einen Break zu machen. Dann empfiehlt es sich aber, sich zum Zazen umzuziehen. Im übertragenen Sinn, die Hektik, den Stress, den Lärm auszuziehen. Zazen am späten Abend vor dem Schlafen ist eine gute Vorbereitung auf den Schlaf.

Grundsätzlich meditieren Zen-Praktizierende 25, 30 oder auch 45 Minuten und länger. Anfänger sollten sich kürzere Zeiten vornehmen. Besser jeden Tag 15 Minuten als dreimal 45 Minuten und dann nie mehr.

Nach der Meditation ein paar Zeilen zu lesen, sich inspirieren zu lassen, kann eine hilfreiche und gute Ergänzung sein.

Als Praxis sei dann eine der drei hier im Buch vorgestellten Meister-Übungen empfohlen. Zu empfehlen ist, in einer Zen-Gruppe oder einem Seminar oder Sesshin die Grundlagen des Zazen zu lernen. Denn wie viele Meditierende in diesem Buch auch bestätigen:

Zazen kann niemand aus Büchern lernen, Zazen muss der Mensch tun.

Die Wege der Meister

Thich Nhat Hanh

„Intersein" (Sati-Zen), der Weg der Achtsamkeit
Thich Nhat Hanh (geb. 1926) wurde im Alter von sechzehn
Jahren Novize im Tu-Hieu-Tempel in Hue in Vietnam. Während des Vietnamkrieges wurde der junge Mönch ein führender Vertreter eines sozial engagierten Buddhismus in seinem Heimatland. Er setzte sich weltweit für Frieden und Gewaltfreiheit ein. Im Saigon gründete Thich Nhat Hanh die Schule für Jugend und Sozialarbeit, deren Mitglieder bombardierte Dörfer wiederaufbauten, Schulen und medizinische Zentren gründeten und landwirtschaftliche Kooperativen organisierten. Jahre später nominierte ihn Martin Luther King jr. für den Friedensnobelpreis.

Thich Nhat Hanh gehört zur 42. Generation der Linji-Linie (japanisch: Rinzai). Neben dem Dalai Lama ist der Autor zahlreicher Bücher einer der profiliertesten zeitgenössischen Meister der buddhistischen Lehre. Er gibt weltweit Retreats, Seminare und hält Vorträge.

Thich Nhat Hanh lebt in Frankreich im Exil. 1982 gründete er die spirituelle Gemeinschaft „Plum Village" in der Nähe von Bordeaux. Sein Orden heißt „Tiep Hien" (engl. „Interbeing", deutsch „Intersein"). Dieser von Thich Nhat Hanh geprägte Begriff bezieht sich auf die Allverwobenheit sämtlicher Phänomene, das Eingebettetsein aller Dinge in ein komplexes Netz von Beziehungen. In Deutschland leben Mönche und Nonnen des monastischen Intersein-Ordens in Waldbröl im Bergischen Land in der Nähe von Köln. Dort entstand 2008 das Europäische Institut für Angewandten Buddhismus (EIAB).

Das EIAB bietet ein vollständiges Trainingsprogramm zur Einübung konkreter, auf den Lehren Buddhas beruhender Methoden, um Leiden zu lindern sowie in sich selbst, den Familien und Gemeinschaften der Welt Glück und Frieden zu fördern. Schwerpunkt im Intersein-Orden ist die Achtsamkeitspraxis (Sati).

www.eiab.de   www.plumvillage.org

Willigis Jäger

„Leere Wolke", ein Zen- und
„Wolke des Nichtwissens", ein Kontemplations-Weg

Willigis Jäger (geb. 1925) trat unmittelbar nach dem Zweiten Weltkrieg in die Benediktinerabtei Münsterschwarzach ein. Dort arbeitete er nach seinem Studium seit 1952 als Priester und Lehrer für Philosophie und Theologie. Anfang der Siebzigerjahre begegnete er den Zen-Meistern Pater Hugo E. Lasalle und Yamada Ko-Un Roshi, dessen Schüler er 1972 wurde. Jäger lebte sechs Jahre in Japan und erhielt 1980 die Erlaubnis, Zen zu lehren. 16 Jahre später wurde er Zen-Meister, 2009 bestätigte ihn auch der chinesische Chan-Großmeister Jing Hui im Bailintempel als Chan-Meister und 45. Nachfolger von Lin Chi (jap. Rinzai).

2000 beginnt sein tiefer Konflikt mit der katholischen Kirche. Der Vorwurf lautet, Willigis Jäger unterstelle Glaubensinhalte und Glaubenswahrheiten der persönlichen Erfahrung. Diese Auseinandersetzung mit der römischen Glaubenskongregation unter ihrem damaligen Leiter Kardinal Joseph Ratzinger endete 2002 mit einem Rede- und Schreibverbot, an das sich Willigis Jäger aber nicht hielt.

Eine „Beurlaubung" aus der Klostergemeinschaft, deren Mitglied er weiter ist, erfolgte im Einvernehmen.

Seit 2003 lebt und lehrt Jäger im Zen- und Kontemplationszentrum Benediktushof in Holzkirchen. Er gründet die „West-Östliche Weisheit Willigis Jäger Stiftung" und die Zen-Linie „Leere Wolke". Sie versteht sich als spiritueller Weg des Herzens für den modernen Menschen der westlichen Kultur. Jägers Kontemplationslinie „Wolke des Nichtwissens" ist der westliche Ausdruck spiritueller Weisheit, wie sie religiöse Traditionen seit mehreren tausend Jahren kennen und lehren. Willigis Jäger steht für eine globale und konfessionsübergreifende Spiritualität. Er ist Autor zahlreicher Bücher.

www.west-oestliche-weisheit.de

Hinnerk Syobu Polenski
„Daishin Zen", ein europäischer Zen-Weg mit japanischer Tradition
Hinnerk Polenski (geb. 1959) steht für eine europäisierte Form des traditionellen japanischen Zen. Er ist Zen-Meister und Abt des Daishin-Zen und Mitglied des Hoko-ji-Rinzai-Ordens sowie des Syoko-ji, Hamamatsu in Japan. Der Kieler praktiziert den Zen-Weg seit mehr als dreißig Jahren und leitet seit über zwanzig Jahren Zen-Seminare in Deutschland, Österreich, Luxemburg und der Schweiz.

„Syobu" (jap. „Zen-Krieger") ist sein Dharma-Name, der ihm von dem japanischen Zen-Meister Oi Saidan Roshi 1992 gegeben wurde. Er ist Dharma-Nachfolger von seinem Lehrer Reiko Mukai Roshi für Daishin-Zen. Mukai Roshin folgt der Tradition seines Lehrers Lehrer Oi Saidan Roshi. Gemeinsam mit seinem Lehrer gründete Polenski das Daishin-Zen, dessen Schwerpunkt die Entwicklung eines europäischen Zen-Weges ist. „Daishin" bedeutet „Großer Herzgeist".

Die Zen-Schule „Daishin-Zen" versteht sich als Brücke zwischen modernem westlichem Geist und östlicher Weisheit. Es gibt derzeit drei Schwerpunkte: das traditionelle Daishin-Rinzai-Zen, Zen-Leadership und In-Zen. Das traditionelle Zen entspringt der japanischen Mutter-Linie. Mit Leadership werden in erster Linie Verantwortungsträger angesprochen und In-Zen beschäftigt sich mit dem weiblichen Aspekt des Zen-Weges, der unabhängig ist von Mann und Frau. Freude und Leichtigkeit kennzeichnen diesen Weg.

www.zen-schule.de   www.zen-leadership.de

Weitere Zen-Meister und LehrerInnen, die in diesem Buch erwähnt sind:

Die Rinzai-Zen-Meisterin *Jiun Hogen Roshi* lebt und lehrt im „International Zen Center Noorder Poort", Niederlande. Sie ist Dharma-Nachfolgerin von Gesshin Myoko Prabhasa Darma Zenji. Gegründet wurde das „Zen Center" 1996 als Trainingcenter des „International Zen Institute of America and Europe (IZIAE)" in der Rinzai-Tradition der Zen-Meisterin Gesshin Myoko Prabhasa Dharma.

www.zeninstitute.org

Baker Roshi ist Zen-Meister in der Lehrlinie von Dongshan und Shunryu Suzuki Roshi. 1971 trat er die Dharma-Nachfolge von Suzuki Roshi an und vermittelt seitdem die buddhistische Lehre im Westen. Er ist Abt des Crestone Mountain Zen Center in Colorado/USA und des Buddhistischen Studienzentrums im Johanneshof in Herrischried im Landkreis Waldshut in Baden-Württemberg.

www.dharma-sangha.de

Zen-Meister *Olivier Reigen Wang-Genh* praktiziert Sôtô-Zen seit 1973. Er wurde zum Mönch ordiniert von Meister Taisen Deshimaru und praktiziert im Dojo von Straßburg. Olivier Reigen Wang-Genh ordiniert selbst seit 1992 Mönche und Nonnen. Er ist Präsident der ‚Buddhistischen Union Frankreichs' und einer der Verantwortlichen der Internationalen Zen Vereinigung (AZI), der die Schüler von Meister Deshimaru angehören.

www.meditation-zen.org/de

Zen-Lehrer *Paul Shoju Schwerdt*, geb. 1956, Gestalttherapeut (FPI/ EAG), wurde 1991 in der Zen-Tradition ordiniert, studierte u.a. unter Zen-Meister Bernard Tetsugen Glassman Roshi in der Zen-Linie von Maezumi Roshi und wurde von ihm zum Dharmahalter ernannt. Er lebte und studierte in China in buddhistischen und daoistischen Tempeln und wurde 2004 auch in die daoistische Quanzhen-Tradition initiiert. Seit 2008 ist er Lehrer in Aachen.

www.Bambushain.org

Ulrike Leiber ist von Zen-Meister Willigis Jäger als Zen-Lehrerin und als Lehrerin der Würzburger Schule der Kontemplation eingesetzt. *Frank Leiber* ist ebenfalls Kontemplationslehrer und ausgebildet in Transpersonaler Psychologie nach Richard Stiegler. Das Ehepaar Leiber lebt in Goch am Niederrhein.

www.Leiber-kessel.de

Schwester *Châu Nghiêm-Juwel* ist in Chicago geboren und studierte Anthropologie (M.A.) in den USA. 1999 wurde sie von Thich Nhat Hanh ordiniert und ist Dharma-Lehrerin. Sie lebt und arbeitet im EIAB in Waldbröl im Bergischen Land. Die Nonne leitet weltweit Seminare und engagiert sich besonderes in der Arbeit mit Kindern und Jugendlichen. Bruder *Thầy Pháp* Ân ist Direktor und Studienleiter des EIAB. Der Vietnamese schloss 1988 in den USA sein Studium zum Diplom-Chemiker ab und ist Doktor der Mathematik. 1992 wurde er von Thich Nhat Hanh ordiniert.

www.eiab.eu

Nachwort

Das ist meine Vision für diese Welt:
Ich sehe menschliche Wesen,
die diesen Planeten wie
wahre Brüder und Schwestern bewohnen.
Alle Religionen dieser Welt
verbindet dieselbe Botschaft:
Liebe, Mitgefühl, Vergebung, Toleranz,
Zufriedenheit und Selbstdisziplin.
Wir brauchen diese Eigenschaften als Menschen,
egal, ob wir gläubig sind oder nicht.
Wir brauchen sie,
weil sie der Quell eines glücklichen Lebens sind.

Dalai Lama

Januar 2002 in Bodhgaya, Indien

Ich danke allen, die mir geholfen,
mich unterstützt haben.
Besonders danke ich meiner Freundin Anna Fischer
und der Lektorin Julia Sterthoff,
die sich in einer für mich schwierigen Situation
in ungewöhnlich klarer Weise
ohne Wenn und Aber hinter mich stellte.

Glossar

Buddha ist „der Erwachte". Der Name geht auf die historische Gestalt Siddharta Gautama Shakiamuni zurück.

Daishin bedeutet „Großer Herz-Geist" oder „Großes Herz".

Dharma ist ein Grundbegriff im Zen, der Lehren des Buddha umfasst.

Dokusan ist das vertrauliche Gespräch zwischen Zen-Schüler und Lehrer.

Enzo ist ein Tusche-Kreis, der nur aus einem Pinselstrich besteht.

Gassho ist eine Verneigung mit zusammengelegten Handflächen. Gassho ist im Zen die traditionelle Verbeugung.

Hara ist das Energiezentrum, der Ort der Kraft und Lebensenergie des Menschen, es hat seinen Sitz drei Zentimeter unter dem Bauchnabel.

Joriki entsteht, wenn sich der Geist im Zazen auf einem Punkt fokussiert. Das ist dann die dynamische Kraft, die unmittelbares Handeln ermöglicht.

Kensho ist eine Erfahrung im Zen, in der dem Menschen schlagartig und unerwartet die illusionäre Natur seiner Selbst, seines Egos bewusst wird.

Kinhin ist meditatives, achtsames Gehen im Schweigen.

Koans sind „Rätsel" im Zen, die mit dem Verstand nicht zu lösen sind.

Makyo sind Illusionen oder auch Halluzinationen in der Meditation.

Metta bezeichnet die „liebende Güte und das Wohlwollen".

Mujodo-no taigen ist die Verwirklichung des spirituellen Weges im Alltag.

Nirvana ist das Erlöschen (die Befreiung) von allen Leidenschaften und Irrtümern, die die Menschen nach buddhistischer Lehre an den Kreislauf der Wiedergeburten binden.

Reiki bezeichnet eine Energie-Arbeit, bei der mithilfe der Hände Lebensenergie angeregt und weitergeben wird.

Retreats sind Rückzugsorte und -möglichkeiten für spirituell Suchende.

Rohatsu ist ein siebentägiges Sesshin im Zen, das meist im Dezember stattfindet.

Samadhi ist ein Zustand der Selbstvergessenheit innerhalb der Meditation.

Sangha heißt die buddhistische Gemeinschaft.

Sati bezeichnet den Weg der Achtsamkeit.

Satori ist das Erkennen der eigenen, wahren Natur (Buddha-Natur). Satori ist mit dem Verstand nicht erreich- oder erfahrbar.

Seiza ist eine aus Japan stammende Sitz-Haltung, in der man kniend auf den Fersen sitzt, der Spann liegt auf dem Boden, der Rücken ist gerade.

Sensei ist ein Lehrer. Der Titel ist im Zen eine Respektbezeugung.

Sesshin ist konzentrierte Meditation mit anderen Schülern in einer Gemeinschaft.

Silas sind Gebote, ethische Richtlinien für Mönche, Nonnen und Laien.

Sutra, Sutren im Buddhismus umfassen die Lehrrede des Buddhas.

Teisho ist eine Lehrrede des Meisters, Lehrers während eines Sesshins.

Theravada ist die älteste noch existierende Tradition des Buddhismus.

Vipassana bezeichnet die Lehre, durch die die Einsicht in das Selbst, in die Unbeständigkeit allen Seins und in die Leidhaftigkeit gewonnen wird.

Wakaru sind spirituelle Erfahrungen, die von einem Zen-Lehrer als Vorboten tieferer Erfahrungen gewertet werden.

Zazen ist das Sitzen in Versenkung, der Übungsweg des Zen.

Zen ist ein Weg zur „großen Befreiung", die Erleuchtungs-erfahrung steht im Vordergrund. Zen ist weder Religion, Philosophie noch Weltanschauung.

Zendo ist die Halle, in der Zazen geübt wird.

Textnachweis

Thich Nhat Hanh: Wege zu wahrem Frieden und zur Freiheit, Übung: Achtsamkeit und Konzentration © by Unified Buddhist Church, Inc. All rights reserved.

Texte S. 48, 57, 67, 76, 115, 125, 172, 190 aus: Willigis Jäger, Die Welle ist das Meer. Mystische Spiritualität © Verlag Herder, Freiburg, 2012

Texte S. 54, 63, 74, 106, 118, 132, 165, 185 aus: Thich Nhat Hanh: Liebe heißt, mit wachem Herzen leben. Der Weg zu sich selbst und zu anderen © Verlag Herder, Freiburg, 2012

Die DVD zum Buch

„Mein Date mit mir" –
eine Meditationsanleitung

Ulrike Wischer
Mein Date mit mir

DVD / 106 Min.
UVP € 24,99